Franz Ilwof

Das Postwesen in seiner Entwicklung

von den ältesten Zeiten bis in die Gegenwart - drei Vorträge

Franz Ilwof

Das Postwesen in seiner Entwicklung
von den ältesten Zeiten bis in die Gegenwart - drei Vorträge

ISBN/EAN: 9783743600959

Hergestellt in Europa, USA, Kanada, Australien, Japan

Cover: Foto ©ninafisch / pixelio.de

Weitere Bücher finden Sie auf **www.hansebooks.com**

DAS POSTWESEN

in seiner Entwicklung

von den

ältesten Zeiten bis in die Gegenwart.

Drei Vorträge

von

Franz Ilwof.

Druck von Leykam · Josefsthal, Graz.

1.
Einleitung.

Im Jahre 1877 betrug die Gesammtzahl aller in den vereinigten Königreichen Grossbritannien und Irland auf die Post gegebenen Briefe, Postkarten, Zeitungen und Bücherpackete 1,174.828.200, es entfielen somit auf jeden Bewohner dieser Länder 32 Sendungen; an Postkarten allein wurden 102,237.300, an Bücherpacketen 317,858.600, an Zeitungen 128,558.000 befördert. Als unbestellbar wurden 4,873.625 Briefe in das Returned Letter Office zurückbefördert, oder 1 auf 217 aufgegebene Briefe, von welchen jedoch nahe an $9/_{10}$ entweder an die Absender oder an die Adressaten zurückgelangten. Neben den Tausenden von Briefempfangsstellen bestehen in England, Schottland und Irland über 5700 Geldanweisungs-Bureaux, welche im Jahre 1877 über 18 Millionen Geldanweisungen im Totalbetrage von 27,870.117 Pfund Sterling ausfertigten. Das Personal der britischen Post bestand 1877 aus 34.000 Personen, wovon allein 10.665 dem Londoner Postamte angehören.

So grossartig hat sich die Institution des Postwesens bis nun entwickelt. Von kleinen Anfängen vor Jahrtausenden beginnend, ist es zu einem segenbringenden, Länder und Völker verbindenden Culturwerke geworden. Schon deshalb mag es Interesse bieten, seinen Ursprung und seine allmälige Weiterbildung, bis es zur heutigen Höhe gelangte, kennen zu lernen; aber nicht nur, weil es eine anziehende geschichtliche Erscheinung bildet, sondern auch deshalb mag eine kurze Betrachtung der Geschichte der Post lohnend und belehrend sein, weil dieselbe sowohl auf das materielle Güterleben, als auch auf die ganze menschliche Gesittung unendlich fördernd gewirkt hat, indem sie schnelles und bequemes Reisen möglich machte und Nachrichten überall hin sicher, wohlfeil, rasch und in bestimmter Zeit bringt. Ein bedeutender Theil unserer Bildung, unserer gesellschaftlichen Verhältnisse und unserer Lebens-Annehmlichkeiten beruht wesentlich auf der Post. Und während früher, bevor es allgemein zugängliche und weitverzweigte Posteinrichtungen gab, nur die Grossen und Reichen das Monopol des Benachrichtigtsein und der beliebigen Mittheilung besassen, steht nun jedem, auch dem ärmsten, dieser Weg des Verkehres offen. So ist die Post ihrem ganzen Wesen nach ein Förderungsmittel des geistigen und sachlichen Volkswohles.

Bei den Posteinrichtungen lassen sich drei verschiedene Entwicklungsstufen unterscheiden. Auf der ersten sind die Posten blos zur Beförderung der Regierungsnachrichten und allenfalls der Beamten bestimmt; Privatpersonen sind von ihrem Gebrauche ganz ausgeschlossen und müssen sich eigener Boten oder zufälliger Gelegenheiten mit vieler Beschwerlichkeit, Unsicherheit und mit grossen Kosten bedienen. — In der zweiten Periode sind es vornehmlich Corporationen, welche Posteinrichtungen in's Leben rufen, und diese stehen anfänglich nur den Angehörigen derselben zur Verfügung, werden aber allmälig auch ausserhalb derselben Stehenden zugänglich; in der dritten Periode tritt wieder der Staat als Gründer der Post auf, breitet nach und nach ein regelmässiges Netz von Postanstalten über das ganze Staatsgebiet aus, zuerst nur deshalb, um dadurch Regierungszwecken zu dienen, allein er lässt auch Private gegen Bezahlung an dem Gebrauche dieser Anstalten Antheil nehmen, bis endlich die Benützung der Post durch diese weit umfangreicher wird als durch den Staat selbst. Schliesslich greift das Postwesen über die Grenzen des Staatsgebietes hinaus und wird durch völkerrechtliche Verträge eine internationale Institution..

Die erste Form des Postwesens tritt am reinsten im Alterthum auf; die Post der Corporationen entstand im Mittelalter, in dem aber auch schon die Staatspost in einzelnen Erscheinungen sich zeigt; ihre dritte Entwicklungsstufe, das Postwesen in der Hand des Staates, aber nicht blos für diesen, sondern für alle Staatsangehörigen benutzbar, ist eine Errungenschaft der Neuzeit, aus der das Weltpostwesen der Gegenwart hervorging.

Das Postwesen im Alterthum.
Im persischen Reiche.

Schon bald nach seiner Gründung hatte das persische Reich eine ungeheure Grösse erreicht; vom Indus bis zum ägäischen Meere, vom Kaspisee bis an die Libysche Wüste erstreckte es sich, seine Ausdehnung vom Hindukuh bis Ephesus betrug über 600 Meilen. Sollte die Regierung des Königs über so weite Räume wirklich thatkräftig eingreifen, sollten sich die Satrapen in den entfernten Provinzen nicht als völlig selbständige Herren fühlen, so mussten schnelle Verbindungen hergestellt werden, damit nicht mehrere Monate vergingen, ehe ein Befehl des Königs oder dessen Antwort auf eine Anfrage von Susa nach Sardes oder nach Kyropolis am Jaxartes gelangte.*) Die schnelle Beförderung der königlichen Befehle war bei dieser riesigen Ausdehnung des Reiches eine Lebensfrage für dasselbe. Persiens Könige, schon von Kyros an, legten nach allen Hauptpunkten gebahnte

---
*) Duncker, Gesch. des Alterthums. 4 Aufl. IV. 536—540. — Stephan, Das Verkehrsleben im Alterthum. In Raumer's histor. Taschenbuch, S. 73 ff. — Vieban, zur Geschichte des Postwesens. Deutsche Vierteljahrschrift 1858. III. 55 f.

Strassen an, wo solche noch nicht bestanden und sorgten für die gute Erhaltung derselben. Da auf diesen Strassen bald aller Verkehr sich bewegte, so konnte man denselben auch genau überwachen und die königlichen Truppen konnten schnell in die Provinzen, wo sie erforderlich waren, marschiren. Entlang diesen Strassen wurden Posteinrichtungen getroffen und da diese nur für die Beförderung der königlichen Dienstsachen bestimmt waren, so war der König im Besitz eines Verbindungsmittels, welches die der Unterthanen weit hinter sich zurückliess. Auf den Hauptstrassen des Landes wurden in Entfernung von vier zu vier Parasangen oder etwas weiter auseinander (drei bis vier Meilen) Pferde und Reiter (Astandä, Angaren) stationirt, deren einziges Geschäft die Weiterbeförderung der königlichen Briefe und Botschaften war. Einer dieser Postreiter musste stets in Bereitschaft sein, um sobald ein Schreiben anlangte, dasselbe in der schnellsten Gangart des Pferdes bei Tage oder bei Nacht, in der grössten Hitze des Sommers oder im Schnee des Winters zur nächsten Station zu befördern. Bei jeder Station war ein Aufseher bestellt, um die Briefe in Empfang zu nehmen, wieder zu übergeben, die ermüdeten Pferde und Männer zu beherbergen und frische abzusenden. Alle Könige Persiens von Kyros dem Gründer dieses Weltreiches an sorgten für die Erhaltung und Vervollkommnung dieser Einrichtung, so besonders der Wiederhersteller der Monarchie Darius Hystaspis, und der letzte Herrscher vor der Eroberung durch Alexander, Darius Codomannus, soll die Leitung der Reichsposten geführt haben, ehe er König wurde. — Bei den Griechen sagte man, die persischen Postreiter flögen schneller als Kraniche und Herodot versichert, dass nichts in dieser Welt geschwinder sei, als diese Reiter. Die königlichen Poststationen wurden zur Bequemlichkeit der Reisenden mit Herbergen versehen und selbst in öden und kahlen Gegenden nach der Sitte Iran's mit schönen Baumpflanzungen umgeben. Die grosse Strasse von Sardes nach

Susa hatte auf ihrem Zuge durch Lydien, Phrygien und Kappadokien bis zum Halys 20 Stationen, vom Uebergang über diesen Fluss bis zu den kilikischen Pässen 28 Stationen; von da lief sie nordöstlich zum Euphrat in 13 Stationen, von der Ueberfahrt über den Euphrat ging sie in 15 Stationen durch Armenien über den Tigris hinweg, erst jenseits dieses Flusses bog der Weg nach Süden ab und lief 24 Stationen weit durch Assyrien bis an die Grenze Susianas, von hier bis an die Ueberfahrt über den Choaspes und bis an das Thor von Susa waren noch 11 Stationen zurückzulegen. Die ganze Strasse von Sardes bis Susa mass auf diesem weiten Wege, den man ihr, um die arabische und mesopotamische Wüste zu vermeiden, gegeben hatte, 450 Parasangen (337 Meilen), welche in 111 Stationen getheilt waren, während die Entfernung in gerader Linie gemessen nur 290 Meilen betrug; die Briefe konnten durch die Postreiter in 5 bis 7 Tagen von Sardes nach Susa gelangen. Ein Fussgänger hingegen, der fünf Parasangen ($3^3/_4$ Meilen) täglich zurücklegte, brauchte hiezu 90 Tage.

Die persische Post war eine rein staatliche Anstalt, nur Briefschaften und Befehle vom königlichen Hofe aus und Berichte der Satrapen an diesen wurden befördert und nur wer dem Hofe nahestand, durfte hoffen, der Reichspost zur Nachrichten- oder Personenbeförderung sich bedienen zu können. Daher hatten die königlichen Boten auch das Recht, entlang der Reichsstrassen und in der Umgegend der Stationen von den Anwohnern Menschen und Thiere zur Fortsetzung der Reise in Anspruch zu nehmen.

In Griechenland.

Nur dort, wo ein kräftiges Staatswesen besteht, wo eine machtvolle Centralgewalt das Gemeinwesen leitet, nur dort finden wir das Postwesen entwickelt. Griechenland zerfiel in zahlreiche kleine Staaten, nie erfreute es sich einer einheitlichen politischen Leitung und darum fehlte ihm bei dem Mangel jeglicher Centralisation das wichtige Verkehrsmittel der Post.*) Zur Briefbeförderung reichten bei den engen Grenzen des Landes Briefboten (Grammatophoren) und Schnelläufer (Hemerodromen) aus und wurden der maritimen Lage von Hellas entsprechend Schnellschiffe verwendet. Beispiele merkwürdig schneller Beförderung von Nachrichten kamen auch bei den Griechen, so z. B. nach dem Siege von Marathon vor; jüngst wurde bei den Ausgrabungen zu Olympia die Basis einer Statue gefunden, welche zu Ehren des beim Wettlauf errungenen Sieges eines Briefboten Alexander's des Grossen, des Philonides aus Kreta errichtet worden war, und deren Inschrift diesen Sieger bei den Olympischen Spielen als „Durchschreiter Asiens" feiert. — Doch sind dies nur vereinzelte Fälle, an einem regelmässigen und sicheren Postdienste fehlte es gänzlich.

Im römischen Reiche.

Rom war von seinen ersten kleinen Anfängen an ein einheitlich organisirter Staat und selbst als es ein Weltreich geworden, wurden doch alle seine Theile von dem Mittelpunkte, von der Tiberstadt aus unmittelbar geleitet und beherrscht. Die Römer waren ein eroberndes Volk, jedes Gebiet, welches sie sich unterwarfen, mussten sie anfänglich wenigstens durch die Gewalt ihrer Waffen niederhalten, bis römisches Gesetz und römische Sitte dort heimisch geworden. Um über ihre Legionen und Cohorten rasch verfügen, um sie schnell dorthin werfen zu können, wo der Staat ihrer bedurfte, um einen Angriff auf eine Provinz abwehren, einen Aufstand in einer solchen allsogleich unterdrücken zu können, brauchten die Römer eines gut ausgebildeten weit verzweigten Strassennetzes. Und man kann in der That mit Recht sagen, wo der Römer hinkam, dort baute er Strassen. Schon in

---

*) Vieban, a. a. O., S. 56 f. — Stephan, a. a. O., S. 79 ff.

den ersten Zeiten der Republik wurden alle Städte Latiums, so wie sie unter Roms Herrschaft geriethen, dann die Gebiete Campaniens, endlich die Bergstädte der besiegten Samniter durch vorzügliche Kunststrassen mit Rom verbunden. Waren diese auch in erster Reihe nur für militärische Zwecke bestimmt, so konnten sie doch theilweise auch für den Privatverkehr benützt werden.*) Staatliche Boten gingen von Rom zu den auswärts bestellten Beamten und Befehlshabern und umgekehrt, um Befehle oder Berichte zu befördern; diese Boten konnten auch von den Staatsdienern selbst, deren Familien und Angehörigen verwendet werden, um Nachrichten hin und her zu bringen. — Die Aufsicht über das gesammte Strassenwesen lag den Censoren ob, welchen auch die Verwaltung der öffentlichen Gebäude und der Staatsgüter, sowie die Verpachtung der Staatsländereien zustand. Alle diese Geschäfte machten „zahlreiche persönliche Mittheilungen, häufige Frachten und Versendungen zur unumgänglichen Nothwendigkeit und dieser Verkehr wuchs in eben dem Masse, als das römische Gebiet an Ausdehnung gewann." — Von grösserer Bedeutung wurden diese Verhältnisse erst, nachdem die Römer Italien ihrer Herrschaft unterworfen hatten und nach dem zweiten punischen Kriege ihre Eroberungszüge auch noch über diese Halbinsel hinaus ausdehnten. Die Statthalter in den Provinzen, die Befehlshaber der an den Grenzen stehenden Heere, die römischen Gesandten in fremden Reichen mussten in steter regelmässiger Verbindung mit der Regierung in Rom bleiben. öffentliche Boten (statores, cursores) gingen ab und zu, und diesen öffentlichen Dienern, meist Sklaven oder Freigelassenen, wurden auch Briefe und kleinere Frachtstücke zur Beförderung übergeben, welche Privatsendungen der

---

*) Flegler, Zur Geschichte der Posten. Nürnberg 1858. — Hudemann, Geschichte des römischen Postwesens während der Kaiserzeit. 2. Aufl. Berlin 1878. — Stephan, a. a. O., S. 83 ff. — Vieban, a. a. O., S. 57—72.

Beamten oder solcher Personen waren, die von den
Obrigkeiten hiezu die Erlaubniss erhielten. — Julius Cäsar,
dem es, als er in Gallien kämpfte, vor allem darum zu
thun sein musste, dass seine Erfolge dort schnell in Rom
bekannt wurden, um sich zur Realisirung seiner Allein-
herrschaftspläne in der Gunst des Volkes zu erhalten,
hatte Reiterposten aufgestellt, welche die Nachrichten über
seine Siege und Eroberungen schnell von einem Orte zum
andern brachten.

Eine weitere Förderung wurde dem Nachrichten- und
Frachtenverkehr zu Theil durch jene grosse Gesellschaft
römischer Ritter, welche in den letzten Zeiten der Republik
die Staatsländereien in den Provinzen und die Zehnte,
Gefälle und Steuern in Pacht nahm, und einen ausgedehnten schwunghaften Handel mit Getreide und anderen
Landesproducten trieb. Diese Genossenschaft hatte ihren
Centralsitz in Rom und ihre Niederlagen und Comptoire in
allen wichtigeren Provinzstädten; der Nachrichten- und
Geldverkehr derselben vom Mittelpunkte nach den Filialen
und zwischen diesen untereinander war ein grossartiger
und daher unterhielt die Gesellschaft eine grosse Anzahl
von Briefträgern (tabellarii), welche Briefe und leichtes
Gepäck bis in die kleinsten Städte aller Provinzen mit
grosser Schnelligkeit und ziemlicher Regelmässigkeit beförderten. Diese Briefträger durften auch Sendungen von
Privaten übernehmen und wurden häufig hiezu benützt. —
Auch sonst gab es zahlreiche Privatboten. Reiche Familien,
welche in Rom wohnten, hatten grosse Güter in den
Provinzen, oder ihre Söhne studirten an griechischen
Schulen und sie mussten und wollten mit ihren Verwaltern
und ihren Kindern in regelmässigem Verkehre bleiben,
daher unterhielten sie Briefboten, welche nicht blos von
ihnen, sondern auch von ihren näheren und entfernteren
Bekannten mit Sendungen betraut wurden. — Häufig
wurden auch Reisenden, Schiffern, Kaufleuten, Fuhrleuten

Viehhändlern Briefschaften zur Abgabe in den Orten, wohin ihr Geschäft sie führte, übergeben.

So war über das grosse römische Reich schon zu Ende der Republik ein weitverzweigtes, wenn auch noch unregelmässiges Netz von Communicationsmitteln zur Beförderung von Nachrichten und Gütern kleineren Umfanges gesponnen, das von Galliens Nordküsten und von der Donau bis nach Lybien und Egypten und vom atlantischen Ocean bis an den Euphrat reichte, eine Summe von Einrichtungen um so bewunderungswürdiger, als die Hindernisse der Natur, als Raum und Zeit damals nur durch die grössten Anstrengungen menschlicher und thierischer Kräfte überwunden werden konnten.

So ansehnlich auch für ihre Zeit diese Mittel und Wege des Nachrichten- und Güterverkehres waren, es fehlte doch noch an einer einheitlichen Organisation, an einer zusammenfassenden Leitung und Ueberwachung dieser vereinzelten Institutionen. Diese erfolgte unter den Kaisern und erst von da an kann man von einem gegliederten staatlich geordneten Postwesen sprechen. Schon der erste römische Imperator Octavianus Augustus ordnete, um aus allen Provinzen schnell Nachrichten erhalten und Befehle dorthin senden zu können, an, dass allenthalben in den an den öffentlichen Strassen gelegenen Orten kräftige junge Männer als Läufer bestellt wurden, welche die ihnen von den Staatsbehörden übergebenen Briefe von einem Orte zum andern beförderten, bis sie nach Rom in die Hände des Kaisers oder seiner höchsten Beamten gelangten. Nicht lange begnügte sich Augustus mit diesen Fussboten, er befahl die Errichtung von Reit- und Fahrboten, um damit nicht blos Schriftstücke, sondern auch Personen befördern zu können. In allen grösseren und kleineren Orten an den Heerstrassen mussten Pferde und Wagen stets bereit gehalten werden, um Couriere (veredarii), welche von den Befehlshabern und Statthaltern in den Provinzen nach Rom geschickt wurden,

möglichst schnell dorthin zu bringen, wo sie nicht nur die
ihnen anvertrauten Briefe abzugeben, sondern vielfach auch
mündliche Berichte zu erstatten hatten. Der dadurch eingeführte Wechsel der Wagen und Pferde war ein grosser
Fortschritt in der Entwicklung des Postwesens (cursus
publicus oder cursus vehicularius) und zu dem bisher nur
möglichen Nachrichtenverkehr tritt nun, wenn auch anfänglich nur in sehr engen Grenzen der Personenverkehr.
Augustus gab der ganzen Institution eine militärische Einrichtung und unterstellte sie demgemäss dem Oberbefehlshaber der kaiserlichen Leibwache, dem præfectus prætorio.
Sie war also eine nur für den Dienst des Staates bestimmte
Einrichtung, aber es suchten auch Private sich ihrer für
ihre Zwecke zu bedienen. Die Personen in der Umgebung
des Kaisers, die Freunde des præfectus prætorio, die höheren
Beamten, die Statthalter in den Provinzen, erlangten bald
Erlaubnisscheine, Freibriefe. Diplome (evectio) zur Benützung
der Staatspost, um dieselbe auch für Privatbriefe und Privatpersonen in Anspruch nehmen zu dürfen. Dies scheint in
ausgiebiger Weise der Fall gewesen zu sein, denn bald war
eine so namhafte Vermehrung der Wagen und Pferde nothwendig, dass dadurch dem Fiscus grosse Lasten erwuchsen.
Dieser wusste sie aber von sich abzuwälzen und verpflichtete
die Gemeinden, durch welche die Postrouten gingen, zur
unentgeltlichen Beistellung der Wagen, Pferde und Kutscher.
Es war dies eine schwere, hartdrückende Last, welche den
in der Kaiserzeit ohnehin fast ausgesogenen Provinzen auferlegt wurde; zahlreiche Klagen und Beschwerden wurden
darüber laut, aber erst unter den guten Kaisern Nerva
und Trajan fand einige Abhilfe statt. Jener hob (um 96 n.
Chr.) für Italien die Verpflichtung der Gemeinden zur
unentgeltlichen Stellung von Fuhrwerken, Pferden und
andern Lastthieren auf und ordnete die Uebernahme der
Kosten des Fuhrdienstes (vehiculatio) auf das Aerar an
und dieser machte die Ertheilung der Freibriefe zur

Benützung der Post von seiner persönlichen Erlaubniss abhängig, schränkte so die Ausbeutung dieser Staatsanstalt durch Private in die engsten Grenzen ein, um dadurch die Kosten für die Erhaltung derselben den Gemeinden möglichst zu verringern. Wenn edle Regenten, wie Hadrian, welcher auch ein Gesetz über den Postverkehr erliess, Antoninus Pius und Septimius Severus, auf dessen Anordnung neuerdings die Leistung der Kosten des öffentlichen Fuhrdienstes der Staatscasse übertragen werden sollte, auch dem Beispiele eines Nerva und Trajan folgten, so half dies doch nur theilweise und vorübergehend. Immer und immer wieder fielen die schweren Lasten dieses öffentlichen Dienstes auf die gedrückten Provinzialen zurück; wenn die bessergesinnten Kaiser den Unterthanen diese Last abnahmen, so bürdeten ihnen die um das öffentliche Wohl weniger besorgten dieselbe wieder auf, und da die Beistellung von Wagen und Pferden zur Staatspost zu den bürgerlichen Dienstleistungen gehörte und von diesen alle Beamten, die dienenden und ausgedienten Soldaten und vielfach auch die höheren Stände befreit waren, so traf die ganze Wucht dieser Leistungen den Bürger- und Bauernstand, dem zu allen übrigen schweren Lasten, die er zu tragen hatte, auch noch diese aufgelegt wurde. Und da in der späteren Zeit an dem sittenlosen Hofe in Rom unter den schwachen und schlechten Kaisern das Protectionswesen und die Günstlingsherrschaft in erschreckender Weise um sich griffen, so mag auch die Zahl der Freibriefe zur Benützung der Staatspost eine ausserordentlich grosse geworden sein, was den Gemeinden wieder die Haltung einer beträchtlich vermehrten Zahl von Fuhrwerken und ihrer Bespannung aufnöthigte und den Druck, den diese Anstalt an und für sich auf sie ausübte, noch ungemein erhöhte.

Die meisten uns erhaltenen römischen Gesetze über den Postdienst stammen aus der Zeit von circa 200 bis 450 n Chr., und in diese Periode fällt auch die umfassendste

Ausbildung des Postwesens in diesem Weltreiche. Von der Zeit der Kaiser Galerius und Constantinus an finden wir in den römischen Gesetzsammlungen eine Reihe von Verordnungen und Bestimmungen über das Postwesen; sie lehren uns, dass diese Einrichtungen sich bis in die entferntesten Theile des Reiches erstreckten, dass die römische Post eine Staatsanstalt im strengsten Sinne des Wortes war und auch als polizeiliches Mittel zur leichteren Bewachung der Provinzen, sowie zur Niederhaltung aller Classen einer unruhigen, in steten Kämpfen untereinander lebenden Bevölkerung diente; sie beweisen aber auch, dass nur die höheren Stände, Militär, Beamte, Geistliche an den Vortheilen der Post theil hatten, während die Klagen der Gemeinden über den unerträglichen Druck dieser öffentlichen Anstalt sich stetig mehrten. Die Förderung des Postwesens durch zweckmässige Gesetze liessen sich besonders Constantin, seine Söhne und deren Nachfolger Julian angelegen sein, auch suchten sie die durch dasselbe auf der Bevölkerung lastenden Verpflichtungen, wenn auch ohne nachhaltigen Erfolg, zu erleichtern. In den letzten Zeiten des Kaiserreiches verfiel, wie alle übrigen Institutionen, auch das Postwesen, obwohl gerade die Härte, mit welcher dasselbe noch festgehalten wurde, sich beträchtlich steigerte.

So hatte sich diese wichtige Institution von den Zeiten der Republik bis zum Untergange des Reiches entwickelt; die Verwaltung und innere Einrichtung des römischen cursus publicus möge nun kurz geschildert werden.

Die oberste Leitung des Postwesens im ganzen römischen Reiche lag seit Augustus in der Hand des præfectus prætorio; ihm unterstanden die mancipes, welche die Stationen zu beaufsichtigen und die Wege in gutem Stande zu erhalten hatten; an den Poststationen befanden sich die stationarii (Posthalter), welche über ein grosses Dienstpersonale, die stratores (Stallknechte), muliones (Maulthiertreiber), mulomedici (Thierärzte), hippocomi (Pferdewärter), carpentarii (Wagenmeister), apparitores (Amtsdiener) zu verfügen hatten. Den schwersten Stand hatten die curiales, die Magistratspersonen der Provinzialstädte, welche all' das, was die Post bedurfte, Zugthiere, Fuhrwerke, Lebensmittel u. s. w. herbeischaffen mussten, ohne Frage, ob die Gemeinden, welchen sie vorstanden, ob ihre Mitbürger diese Lasten aufbringen konnten oder nicht. Allen Heerstrassen des weiten Römerreiches entlang gab es Poststationen. Man unterschied zwei Arten derselben, solche, bei welchen blos der Wechsel der Gespanne — Pferde, Maulthiere, Ochsen — stattfand und welche mutationes (von mutare, wechseln) genannt wurden, und solche, bei welchen auch die Wagen und Postillone gewechselt wurden und welche ausserdem noch zur Beherbergung der Reisenden eingerichtet waren und daher mansiones (von manere, bleiben) Rastorte hiessen. Bei diesen mussten sich, ausser den auch bei den mutationes nöthigen Ställen und Wagenschoppen noch Wohn- und Gastzimmer für die Reisenden befinden und manche mansiones waren sehr reichlich und schön ausgestattet. Die mansiones waren in der Regel eine Tagereise, die mutationes in den dichter bevölkerten Gegenden fünf römische Meilen (1 $\frac{1}{4}$ deutsche Meilen), in den von den Mittelpunkten des Verkehrs abseits gelegenen dünn bevölkerten Landstrichen acht bis neun römische Meilen (2 $\frac{1}{4}$ deutsche Meilen) von einander entfernt; die ersteren waren immer in Städten und grösseren Ortschaften oder wenigstens in der Nähe derselben gelegen. Zu diesen mansiones und mutationes mussten die Bewohner der umliegenden Landschaften alle dort erforderlichen Zugthiere (veredi und paraveredi, so wurden die Vorspannspferde genannt, von dem letzteren Namen stammt das Wort „Pferd"), alles für diese nöthige Futter, alle Vorräthe an Lebensmitteln, welche die Reisenden brauchten, stellen: das waren jene drückenden Lasten, worüber die an den Reichsstrassen gelegenen Gemeinden der römischen Provinzen mit Recht schwere Klagen führten!

Zur Beförderung der Personen (cursus celer oder velox) wurden dreierlei Arten von Wagen gebraucht. Es gab schwere Reisewagen, rhedae, welche man bedecken oder auch unbedeckt lassen konnte; im Sommer mussten ihnen acht, im Winter zehn Pferde vorgespannt werden; diese rhedae wurden auch häufig zur Verfrachtung von Gütern verwendet. Ein leichteres Fuhrwerk waren die carrucae, welche weniger auf den Heerstrassen, sondern grösstentheils in den Städten verwendet wurden und dann oft sehr schön mit Schnitzwerk, Ornamenten aus Gold und Silber ausgestattet und bemalt waren; sie waren zur Hälfte oder ganz gedeckt und wurden von zwei oder vier Pferden gezogen; ihr Name carruca hat sich in dem italienischen carozza, in dem französischen carosse, in dem englischen carriage erhalten. Die leichtesten Fuhrwerke waren zweirädrig, hiessen birotae und mussten im Postdienste mit drei Zugthieren bespannt werden. Die Gefährte der italienischen vetturini mögen von diesen römischen birotae stammen — Einzelne Reisende mit geringem Gepäcke reisten auch nicht selten zu Pferde.

Die Beförderung der Güter und Lasten (cursus clabularis) erfolgte durch die schweren Lastwagen (angariae), auf welchen in dem zwischen hölzernen Stäben (clabuli, daher der Name cursus clabularis) angebrachten wahrscheinlich aus Flechtwerk gemachten Wagenkasten (capsus) die Güter lagen. Solchen Lastwagen waren 4 bis 8 Stiere vorgespannt; Pferde und Maulesel gebrauchte man hiezu nur selten. Ausserdem gab es kleinere Lastwagen, Karren (carri). Da auch diese Lastenzüge nur Staatsgüter verfrachten sollten, so dienten sie vorzugsweise dazu, den in den Provinzen und an den Grenzen stehenden Heeren die Kleidungsstücke, Kriegsvorräthe, Waffen, so wie die Gold- und Silbermünzen zur Bestreitung des Soldes und anderer

Staatsausgaben zuzuführen, und durften nur ausnahmsweise von den mit Freibriefen ausgestatteten Personen zur Beförderung ihrer Frachtstücke benützt werden. Hie und da wurden mit diesen Lastwagen auch Personen, welche nicht besondere Eile hatten und niedrigeren Ranges waren, befördert, so die Familien der Soldaten, die Kranken und Nachzügler des Heeres. Alle diese Verhältnisse waren im römischen Reiche durch Gesetze und Verordnungen genau bis in's einzelne geregelt, ja selbst das Quantum der Last, welche jeder Gattung von Wagen und je einem Zugthiere zugemuthet werden durfte, war strenge vorgeschrieben. Und da finden wir, dass diese Belastung eine ganz ausserordentlich geringe war; die Rheden durften nur mit tausend Pfund, die zweirädrigen Wagen (birotae) nur mit zweihundert Pfund, die schweren Lastwagen (angariae) mit nicht mehr als tausendfünfhundert Pfund, die kleineren Lastwagen (carri) mit nicht mehr als sechshundert Pfund belastet werden und auf jedes einzelne Postpferd sollten nicht mehr als dreissig Pfund kommen. Da ein römisches Pfund nicht ganz ein Dritttheil eines Kilogramms (1 römisches Pfund = 0·325 Kilogramm) betrug, so wäre diese Belastung als eine verschwindend kleine, und die dafür erforderliche Kraftaufwendung jedes einzelnen Zugthieres als eine ganz unbedeutende zu bezeichnen, wenn man nicht annehmen müsste, dass die Fahrzeuge, sowohl die zur Beförderung der Personen, als auch die zur Verfrachtung der Lasten verwendeten so schwer, so ungefüg und massig gebaut waren, dass schon zur Bewältigung dieser, des todten Gewichtes wie man heute sagen würde, eine grosse Kraftanwendung von Seite der Zugthiere stattfinden musste. Da in Folge dessen schon zur Bewegung relativ geringer Lasten eine grosse Zahl von menschlichen und thierischen Kräften auftreten musste, so erklärt sich daraus, welch' grosse Schwierigkeiten man damals überhaupt bei der Beförderung von Personen und

Frachten zu bekämpfen hatte und welch' enorme Kosten dieselbe in Anspruch nahm. „Dieses einzige Beispiel veranschaulicht uns, wie sehr das Alterthum in Erfindungen und unzähligen Dingen des praktischen Lebens weit hinter den Fortschritten der Neuzeit, ja selbst hinter denjenigen des Mittelalters zurückstand. Reich an unmittelbaren Ideen und grossartigen Entwürfen war es beschränkt durch mangelhafte Kenntniss der Naturkräfte und arm an technischen Hilfsmitteln. Man musste die Kräfte der Menschen und Thiere im Uebermasse aufwenden und abnutzen, um verhältnissmässig geringfügige Resultate zu erzielen." *)

Als charakteristische Merkmale der römischen Post können mithin festgehalten werden: sie wurde um dem Staate zu dienen errichtet; sie sollte nur von den in Staatsangelegenheiten reisenden Personen (Beamten) mit ihrem Gepäck benützt werden dürfen; nur kaiserliche Depeschen und Befehle an die Beamten in den Provinzen und deren dienstliche Berichte an den Kaiser sollten durch sie zur Versendung gelangen; sie diente dazu, dem Kaiser, wenn er die Provinzen besuchte, die Reisemittel zu verschaffen, die Gesandten fremder Fürsten an den Kaiser, sowie römische Gesandte an fremde Nationen zu befördern; in späteren Zeiten wurde sie vorzugsweise zum Transporte und zu Reisen von Militärpersonen benutzt; der Postdienst wurde den Angehörigen der genannten Classen unentgeldlich geleistet; Privatpersonen sollten nur ausnahmsweise von der Staatspost Gebrauch machen dürfen, wenn sie kaiserliche Freibriefe hiezu besassen, mit denen jedoch bald ein riesiger Missbrauch getrieben wurde; die Kosten, welche die Errichtung, Verwaltung und Erhaltung der römischen Post erforderten, wurden nicht aus der Staatscassa bestritten, sondern den Gemeinden, welche von dieser Institution gar keinen Vortheil hatten, und von ihrer Benützung eigentlich

---

*) Flegler, a. a. O., S. 10.

ganz ausgeschlossen waren, unter Vermittlung der Gemeindevorsteher (Curialen) auferlegt, ohne dass der Staat dafür eine Entschädigung gab; diese furchtbar drückende Last führte schliesslich zum Ruine fast aller an den Heerstrassen liegenden Gemeinden des römischen Reiches.

So war das römische Postwesen eingerichtet und so erhielt es sich bis zum Untergange des Weltreiches.

II.

Das Postwesen im Mittelalter.

Die Stürme der Völkerwanderung und die Bildung einzelner von einander unabhängiger, ja nicht selten gegeneinander feindlicher germanischer Staaten auf den Trümmern der römischen Monarchie zerrissen das einheitlich organisirte Netz der römischen Post.*) Einzelne Stücke desselben erhielten sich allerdings noch durch kurze Zeit in den neuen Staaten; so bestand bei den Ostgothen in Italien zur Zeit Theodorichs (493—526) eine Post, die dem Staate grosse Einkünfte brachte, offenbar ein erhaltener Ueberrest aus der römischen Kaiserzeit; aber unter den rauhen Tritten der Longobarden verschwanden bald die letzten Spuren dieser echt römischen Institution.

Aehnlich in Afrika bei den Vandalen und in Gallien unter den Merovingern; hier erhielt sich die Verpflichtung der Unterthanen jener Gegenden, welche der König mit seinem Gefolge bei Reisen durchzog, für diese die Vorspann und den Lebensunterhalt unentgeldlich zu liefern, und für die Beförderung der königlichen Befehle bestand noch immer das öffentliche Fuhrwerk (evectio publica), zu welchem die Gemeinden Pferde (veredi) und Vorspannspferde (paraveredi) stellen mussten, und dessen sich die königlichen Beamten auf Dienstreisen bedienen durften,

---

*) Flegler, a. a. O., S. 13 ff. — Vieban, a. a. O., S. 72 ff.

denen auch auf den Stationen Lebensmittel in ausgiebigster Weise frei geliefert werden mussten. — Hingegen war für den Briefverkehr selbst hoch und dem Hofe nahe stehender Privaten in der karolingischen Zeit schlecht gesorgt; aus den Briefen Alkuin's *), des berühmten Freundes Karls des Grossen, entnehmen wir, dass er die zahlreichen Briefe, welche er an Arno, den Bischof von Salzburg, schrieb, meist durch einen Cleriker von Tours nach Salzburg sendete, während Arno zur Rückantwort gewöhnlich eines Bauern aus seinem Sprengel sich bediente; häufig wird in den Briefen über die Unzuverlässigkeit der Boten geklagt. Auch höhere Kirchenfürsten werden hie und da, wenn sie ohnehin reisten, als Briefboten benützt; einmal überbringt Adalwin, Bischof von Regensburg, Arno's Briefe an Alkuin.

Erst in den letzten Regierungsjahren Karls des Grossen stossen wir auf den von diesem gewaltigen Fürsten ausgehenden Versuch, die weiten Gebiete seines Reiches durch regelmässig eingerichtete Beförderungsmittel sich näher zu bringen. Die von Karl dem Grossen eingerichteten Postzüge scheinen im ersten Jahrzehent des neunten Jahrhunderts (um 807) hergestellt worden zu sein und liefen höchst wahrscheinlich von Autissiodurum (Auxerre) aus, von wo der eine Weg über Nevers, Limoges nach dem südlichen Frankreich und nach Spanien, der andere über Autun, Lyon entweder über den grossen St. Bernhard oder über den Montcenis nach Italien und der dritte über Paris nach Aachen und von da in das mittlere und südliche Deutschland ging. Noch unter Ludwig dem Frommen bestand diese karolingische Post, denn er erliess 815 von Aachen aus eine Verordnung, aus der erhellt, dass die Leistung der Vorspann und die Lieferung des Lebensunterhaltes für die in königlichem Auftrage reisenden

---

*) Alcuini epistolae Nr. 30, 54, 76, 77, 86, 92, 109, 110, 112, 113, 114, bei Froben, Alcuini opera omnia. Ratisbonae 1777.

Beamten eine allgemeine Landespflicht aller Unterthanen war, und in welcher zugleich vor dem Missbrauche dieser Institution durch Unberufene gewarnt wird. — Den Vertrag von Verdun (843) scheinen diese karolingischen Postzüge nicht überdauert zu haben; denn später sind keine Spuren derselben mehr zu entdecken.

Was von nun an der Staat nicht mehr leistete, dessen mussten sich Einzelne und Corporationen unterwinden. Wanderer, Reisende, Kaufleute, Pilger, Mönche übernahmen die Weiterbeförderung von Briefen und Botschaften, eigene Boten wurden von den Landesherren und Behörden ausgesendet und als nach und nach zahlreiche Klöster eines und desselben Ordens von Italien ausgehend in Frankreich, Spanien, Deutschland und noch weiterhin im Norden und im Osten entstanden und diese Bedürfniss und Pflicht hatten, in reger Verbindung untereinander zu bleiben, bildete sich zwischen ihnen ein oft sehr lebhafter Briefverkehr aus, welcher meist von Mönchen selbst oder von Klosterdienern besorgt wurde, die nicht selten auch zu Pferde reisten. Den regsten derartigen Verkehr unterhielt die berühmte Abtei der Benedictiner zu Clugny, deren Verbindungen einerseits bis an das Innere von Spanien, anderseits bis an die Grenzen von Ungarn und Polen reichten. — Gewiss durften einzelne Private, denen sich die betreffende geistliche Corporation gefällig zeigen wollte, dieser Klosterboten sich bedienen. Urkunden und andere schriftliche Denkmäler beweisen, dass damals (vom 11. Jahrhundert an) zahlreiche Städte, Bisthümer und Klöster ständige und besoldete Boten hatten, welche den brieflichen Verkehr besorgten Diejenige Corporation, welche in dieser Beziehung nicht nur die grösste Thätigkeit entwickelte, sondern geradezu ein neues Institut für die öffentlichen Verbindungen gründete, war die Universität Paris.

„Als die Universität von Paris mehr und mehr zu grosser Berühmtheit gelangte, und nicht blos aus Frankreich, sondern aus allen Theilen Europas ältere und jüngere Männer sich daselbst zusammenfanden, um aus den Vorträgen berühmter Lehrer Bildung und Anregung zu schöpfen, so fühlte man das Bedürfniss, den Aufenthalt der Zuhörer durch regelmässige und wohlgeordnete Verbindungen mit ihren Heimatsorten sicherer und angenehmer zu machen. Wahrscheinlich besass schon die alte Schule von Paris eine kleine Anstalt zu diesem Zwecke, diese wurde nunmehr im Laufe der Zeit bedeutend erweitert. Die innere Einrichtung der so geschaffenen Anstalt stand mit der damals üblichen Eintheilung in verschiedene Nationen in enger Verbindung. Diese allein nämlich wählten die Postboten (messagers), nahmen sie in Eid und Pflicht und machten sie für ihre Dienstleistung verantwortlich. Man unterschied die Grossboten (grands messagers) von den Unterboten (petits messagers oder messagers volans). Die Geschäftsstuben der ersteren waren die Sammelpunkte der ganzen Postverbindung. Dort wurden alle von Paris abgehende Briefe und Packete aufgegeben, die von aussen anlangenden in Empfang genommen, erlesen und an die Aufschriften befördert. Da hier auch alle Zahlungen und Rechnungen zusammenliefen, so wählte man zu Oberboten meist nur ehrsame und wohlhabende Bürger von Paris, welche sich anheischig machen mussten, ihren Wohnsitz nicht zu verlassen. Jedem einzelnen derselben waren bestimmte Gebiete zur Besorgung überwiesen, meistens kirchliche Sprengel, von deren Hauptorten aus ohne Zweifel die Seitenzüge geleitet wurden. Den Postzug zwischen Paris und den Sprengeln des Inlandes und Auslandes unterhielten die Unterboten, welche die in Paris aufgegebenen Briefschaften und Gepäcke in Empfang nahmen und dafür die anderwärts erhaltenen überlieferten. Sie hiessen fliegende Boten (messagers volans) von der ausserordentlichen Schnelligkeit, mit der sie auch zu Fusse grosse Entfernungen zurücklegten, obschon sie sich unzweifelhaft auch der Pferde und Wagen bedient haben, da ausdrücklich von Beförderung der Personen und ihres Gepäckes (hardes) die Rede ist." *) Die Grossboten (archinuncii oder nuncii majores) waren also die Postbeamten in Paris, die Unterboten, Kleinboten oder fliegende Boten (viatores parvi, nuncii volantes) waren die Postboten zu Fuss und zu Pferd auf den Stationen.**)

Diese für ihre Zeit grossartig organisirte Postanstalt war eine Privatunternehmung, die Grossboten bezogen die festgestellten Postgelder und leisteten dafür die nöthigen Dienste. Da die Benützung dieser Einrichtung nicht blos auf die Angehörigen der Universität beschränkt blieb, sondern bald jedermann sich derselben bedienen konnte, da sie durch Privilegien der französischen Könige, so Philipps des Schönen (1296), Ludwigs X. (1315), und der Regierungen der angrenzenden Staaten selbst im Kriege geschützt war, so leistete sie bald der Allgemeinheit die besten Dienste und unterschied sich von allen früheren Postanstalten zu ihrem und Aller Vortheile dadurch, dass sie sich selbst erhielt und nicht die Kräfte dritter und von ihrer Nutzniessung Ausgeschlossener auszubeuten nöthig hatte. Die Post der Pariser Universität blühte kraftvoll bis in die zweite Hälfte des 15. Jahrhunderts und erhielt sich, allerdings allmählich hinwelkend, bis in den Anfang des 18. Jahrhunderts. Den ersten Stoss erlitt sie durch die Errichtung einer königlichen Post unter Ludwig XI. Dieser Begründer der unumschränkten Fürstenmacht in Frankreich erkannte, welch' grossen Nutzen seinen Regierungszwecken eine Anstalt brächte, die ihn in kürzester Zeit von allen wichtigen Begebenheiten im Inlande und im Auslande benachrichtigte, besonders wenn sie seiner unmittelbaren Leitung unterstünde, und erliess die Verordnung vom 19. Juni 1464

---

*) Flegler, a. a. O., S. 17—18.
**) Zur Geschichte des Postwesens. In den historisch-politischen Blättern für das katholische Deutschland. 42. Band, 1858, S. 691 bis 719.

über die Errichtung einer königlichen Post. Nach dieser wurden auf allen Heerstrassen Frankreichs von vier zu vier Meilen Postmeister bestellt, welche vier bis fünf Pferde bereit halten mussten, um mit diesen die Strecke von einer Station zur andern in gestrecktem Galopp zurücklegen zu können. 230 Reitboten waren schon 1480 in Anwendung. Die Postmeister unterstanden in allem und jedem dem Oberpostmeister, der wieder unmittelbar dem Könige Bericht zu erstatten hatte und nur von ihm Weisungen empfing. Die Postmeister mussten in eigener Person die Briefe und sonstigen Sendungen des Königs, sowie die von diesem abgeschickten Beamten, wenn sie mit einem Passe zur Benützung der Post versehen waren, von Station zu Station befördern, Tag und Stunde der Ankunft und des Abganges der Postsendungen genau aufzeichnen und durften die Postpferde bei Todesstrafe nicht zu anderweitigem Gebrauche vermiethen. Dem Papste und anderen befreundeten Fürsten war die Benützung dieser Anstalt jedoch nur unter Aufsicht und Ueberwachung ihrer Sendungen durch die französische Regierung gestattet. Die Post Ludwigs XI. war demnach im strengsten Sinne des Wortes Staatspost und trug ganz den Stempel des Absolutismus, dem sie ja ihre Gründung dankte, an sich. Aber schon 1480 wurde sie dahin erweitert, dass auch Privatpersonen mit den für die Couriere bestimmten Pferden gegen 6 Sous pro Station für jedes Pferd reisen durften. So bestanden jetzt in Frankreich zwei Postanstalten nebeneinander, die königliche und die der Universität; als die erstere auch Privaten zugänglich wurde, verfiel die letztere und konnte sich dem Mitbewerb des stärkeren Concurrenten gegenüber nur kümmerlich behaupten, bis sie durch das Decret Ludwig XV. vom 14. April 1719 aufgehoben wurde.

Langsamer als in Frankreich entwickelte sich das Postwesen im mittelalterlichen Deutschland. Lange Zeit begnügte man sich mit der von Zufälligkeiten aller Art abhängigen

Beförderung der Briefe durch reisende Kaufleute, durch Wanderer, Pilger, von Kloster zu Kloster ziehende Mönche, bis nach und nach die grösseren Städte öffentliche Boten bestellten, welche neben den gerichtlichen Dienstleistungen und neben der Zustellung der Amtsschriften auch zur Beförderung von Privatbriefen innerhalb und ausserhalb des städtischen Gebietes, wohin sie eben der Dienstweg führte, verwendet werden durften; diese sogenannten Aemter- und Schulzenposten erhielten sich in einigen Theilen des nordöstlichen Deutschlands bis in's 18 Jahrhundert. — Zwischen den grösseren Städten Deutschlands, welche durch Gewerbe und Handel einige Beziehungen zu einander zu pflegen veranlasst waren, scheint sich daraus ein regelmässiger städtischer Botenverkehr entwickelt zu haben. So soll schon im 13. Jahrhundert eine solche Verbindung zwischen den reichen Emporien Oberitaliens und den aufblühenden Städten Süddeutschlands bestanden haben, welche sich von da nach Mittel- und Norddeutschland fortpflanzte. Nürnberg, Köln und Hamburg seien auf der Hauptlinie die Brennpunkte dieses Verkehrs gewesen; ausserdem sei Nürnberg schon um 1280 mit Wien, Köln mit den Städten der südlichen Niederlande in solcher Verbindung gewesen, und von Hamburg sollen durch Boten die Briefschaften westwärts über Bremen bis Amsterdam und ostwärts über Lübeck, Wismar, Rostock, Stettin, Danzig, Königsberg bis Riga versendet worden sein. Leipzig stand im Jahre 1388 durch Briefboten mit Augsburg und im 15. Jahrhundert mit Nürnberg, Braunschweig, Magdeburg, Hamburg, Köln an der Spree, Dresden, Prag und Wien in Verbindung. So auch Frankfurt und Köln, Lindau, Augsburg und Nürnberg, Bamberg und Schweinfurt. Im 14. Jahrhundert bestand im Wiener Rathhause eine eigene Botenstube für die Landboten; im 15. Jahrhundert vermittelten beeidete Boten des Wiener Stadtrathes Correspondenzen nach Brünn, Graz, Krems, Olmütz, Znaim, Prag u. s. w. Die Taxe betrug für einen Botengang von Wien nach Krems 4 Schillinge (circa 50 Kreuzer), nach Pressburg 5 Schillinge, nach Wiener-Neustadt 3 Schillinge 20 Pfennige.*) Es waren gehende, fahrende und reitende Boten, welche hiezu verwendet wurden; bald entwickelten sich regelmässige Botenzüge, wobei jeder Bote einen bestimmten Kreis zu durchwandern, mit dem entgegenkommenden die Briefe auszuwechseln und zu seiner Station wieder zurückzukehren hatte. Auch die kleineren Orte, welche unmittelbar an diesen Routen oder in der Nähe derselben lagen, konnten dieses Verkehrsmittel benützen und da dasselbe bald einen guten Ertrag abwarf, so veranlasste dies die Ortsobrigkeiten, zuerst in Hamburg und in Danzig, das Botenwesen für städtische Rechnung zu übernehmen. So bildete sich nach und nach durch das Zusammentreffen dieser Botenzüge in den grösseren Städten ein Briefpostnetz über ganz Deutschland aus.

Auch einzelne Fürsten gründeten hie und da, aber nur für sich und ihre Regierungszwecke Postanstalten; so gestellte Herzog Albert von Sachsen, dem Kaiser Friedrich III. 1488 die Statthalterschaft der Niederlande übertrug und welcher von Kaiser Maximilian zum Erbstatthalter von Friesland erhoben wurde, eigene Boten zu Fuss und zu Pferd, welche stationsweise die amtliche Correspondenz zwischen Meissen und Friesland regelmässig befördern mussten.**)

Nach der Erfindung der Buchdruckerkunst fungirten auch häufig die Buchhändler, „Buchführer" wurden sie damals genannt, und ihre Geschäftsreisenden, welche die Erzeugnisse der neuen Kunst selbst von Ort zu Ort zum Verkaufe brachten, als Briefüberbringer.

Doch reichten diese Einrichtungen lange nicht zur

---

*) Sax, die Verkehrsmittel in Volks- und Staatswirthschaft. (Wien 1878.) I. 321.
**) Vieban, a. a. O., S. 75.

Befriedigung des allgemeinen Bedürfnisses hin; wohlhabende und regen Briefverkehr unterhaltende Private waren noch immer genöthigt, eigene von ihnen besoldete Boten zu bestellen; dies begann namentlich zu der Zeit, als durch die Wiedergeburt der Bildung und der Studien, zur Zeit des aufblühenden Humanismus die Gelehrten Deutschlands und seiner Nachbarländer zu lebhaftem Ideenaustausch untereinander getrieben wurden; zu solchen Boten wurden meistens Leute aus jenem halbgelehrten Proletariat verwendet, aus dem sich die höher stehenden Diener der Wissenschaft ihre Famuli wählten; diese standen als Briefboten entweder in fixer Besoldung oder trieben das Geschäft auf eigene Rechnung und nahmen von den verschiedensten Leuten Briefe mit. Dass dabei viele Unregelmässigkeiten vorkamen, dass die Briefe bald rasch, bald ungemein langsam besorgt wurden, dass oft, besonders in den leidenschaftlich bewegten Zeiten unmittelbar vor und während der Reformation, Unterschlagung und Verrath stattfanden, ist erklärlich. Aber auch ohne böse Absichten wurden Briefe erbrochen, denn es gab viele Leute, welche erpicht waren, Abschriften von Schreiben berühmter Männer zu gewinnen, und da die Briefe nicht selten durch die dritte und vierte Hand gingen, ehe sie dem Adressaten abgegeben wurden, so war der eigentliche Thäter äusserst selten zu ermitteln. So wissen wir von Erasmus von Rotterdam, dem berühmten Gelehrten, der von 1467 bis 1536 lebte, dass er beständig wenigstens einen eigenen von ihm besoldeten Boten unterhielt und für seinen Briefverkehr die für die damalige Zeit bedeutende Summe von 60 Goldgulden jährlich ausgab. Da man vielseitig gerade nach den Ansichten, Aeusserungen, Meinungen und wissenschaftlichen Erörterungen dieses gefeierten Humanisten fahndete, so wagte es Erasmus in seinen späteren Jahren kaum noch einen Brief anders, als durch seine eigenen Boten zu senden und er liess solche auf seine Kosten in die Niederlande, nach Paris und nach England reisen. War ein Brief an seine Adresse gelangt, so ging er gewöhnlich, wenn er nicht besondere Geheimnisse enthielt, noch durch eine Reihe von Händen und überall nahm man sich Abschriften, die sich bei wichtigeren Briefen mit grosser Schnelligkeit weiter verbreiteten. So bedenklich das in manchen Fällen gewesen sein mochte, so hatte es doch doppelten Nutzen für jene Zeit selbst, indem sich dadurch die Ergebnisse der Forschung und der Gedankenschatz des einzelnen Gelehrten rasch in weite Kreise verbreitete, und für uns, denn ohne diese Gepflogenheit würden gewiss die meisten Briefe der Humanisten, welche jetzt so reiche Quellen zur Erkenntniss des geistigen Lebens jener Periode darbieten, verloren sein.

Dass diese Art der Verbreitung von Briefen berühmter Männer auch in einer viel früheren Zeit schon stattfand, beweist ein Fall, der sich bei der Correspondenz der beiden Kirchenväter Augustinus und Hieronymus ergab. Augustinus schrieb (Ende 396 oder Anfang 397) zu Hippo in Afrika einen Brief an Hieronymus in Bethlehem und übergab denselben einem gewissen Paulus, der nach Palästina zu reisen gedachte; Paulus trat aber diese Reise, wie man sagte, aus Furcht vor der Fahrt zur See entweder gar nicht an, oder gab sie unterwegs auf, jedenfalls aber überliess er den ihm anvertrauten Brief andern Händen, und dieser wurde von dem Decan Sisinnius, einem Freunde des Hieronymus, auf einer Insel des adriatischen Meeres mit andern Schriften des Augustinus gefunden; er kam durch Vervielfältigung, wahrscheinlich durch den Finder selbst in Rom und sonst in Italien in Umlauf und wurde dem Hieronymus durch Sisinnius selbst erst ungefähr fünf Jahre nach seiner Auffindung zugleich mit der Kunde seiner Verbreitung überbracht.[*]

---

[*] Overbeck, aus dem Briefwechsel des Augustin mit Hieronymus, in Sybel's historischer Zeitschrift, neue Folge, VI. (1879) S. 229 f.

Neben der Beförderung der Briefe handelte es sich aber auch um den regelmässigen Transport von Waaren; diesem Bedürfnisse dienten die Güterfuhren; Fuhrleute brachten in regelmässigen Güterzügen die Waaren von einem Orte zum andern, und übergaben sie, wenn sie noch fernere Bestimmung hatten, einem andern Fuhrmanne zur Weiterbeförderung; der Käufer der Waaren kam mit dem Fuhrmanne über einen bestimmten Preis der Fracht überein, um welchen dieser unter eigener Haftung und Verantwortlichkeit dieselben an den Bestimmungsort abzuliefern hatte. Diese Güterfuhrleute wurden auch zur Bestellung von Briefen und kleinen Sendungen gelegentlich verwendet. Ein solcher Güterzug bestand seit Ende des 15. Jahrhunderts zwischen Nürnberg und Hamburg, durch welchen werthvolle Güter und Briefe mittelst besonderer regelmässiger Fuhren expedirt wurden. Bewaffnete Männer begleiteten diese Züge zur grösseren Sicherheit und wurden, weil sie für die Fortschaffung derselben zu sorgen hatten, Schaffner genannt. Diese Schaffner, welche das kaiserliche und das Nürnberger Wappen trugen, sammelten und bestellten unterwegs die Briefe und Packete und errichteten nach Bedürfniss Pferdewechselstationen. Seit 1570 leitete der Magistrat von Nürnberg diese Einrichtung und stellte sie unter die Aufsicht der Handelsherren. Jeder Brief wurde eingetragen und jeder Schaffner musste Bürgschaft leisten. Auch Reisende fanden mit diesen Zügen Beförderung. Wöchentlich einmal gingen die Wagen von Nürnberg ab. Der Centner Waare kostete von Nürnberg bis Braunschweig 8 Thaler an Fracht, der Reisende zahlte für die Strecke von Nürnberg bis Hamburg, 77½ Meilen, mit der Zehrung, für welche der Schaffner zu sorgen hatte, 20 Thaler.

Alle diese Anstalten dienten nur zur Befriedigung der nothwendigsten Correspondenz der Privaten und höchstens zur Aufrechthaltung der Verbindungen einzelner grösserer Städte miteinander; eine Postanstalt, welche von einer grösseren Corporation oder vom Staate gegründet und erhalten worden wäre, wie in Frankreich, bildete sich in Deutschland während des späteren Mittelalters nicht aus, wir finden Keime, kleine Ansätze hiezu, welche es jedoch nicht zur weiteren Entfaltung brachten. Dies sind die Metzgerposten in einigen Theilen Deutschlands und die Posteinrichtung des deutschen Ordens in Ostpreussen. Da die Metzger zur Betreibung ihres Geschäftes Pferde halten mussten, da sie im weiten Umkreise der Stadt, wo sie ihr Handwerk trieben, zu Einkauf und zu Lieferungen umherkamen, so lag es nahe, sie zur Besorgung von Nachrichten und zur Bestellung von Briefen zu benützen. Ja in manchen Städten Süddeutschlands wurde in Folge dessen der Postdienst der Zunft der Metzger sogar zur Verpflichtung gemacht. So ging z. B. zu Esslingen in Württemberg der Postdienst bei den Metzgern nach der Reihe um. Die bald reitenden, bald fahrenden Metzgerknechte kündigten an allen Orten, wohin sie kamen, ihre Ankunft und ihren Abgang durch das Blasen mit Hörnern an, woher die noch heute übliche Sitte der Posthörner stammen mag. Noch im 17. Jahrhundert bestanden hie und da diese Metzgerposten, denn als Jacob Henot Kaiser Rudolf II. den Vorschlag machte, die deutschen Reichsposten auf eigene Rechnung zu übernehmen, beklagte er sich darüber, dass die Metzgerposten noch immer sowohl Briefe beförderten, als auch die Reisenden mit Pferden und Wagen versorgten; und aus einer Verordnung des Herzogs Johann Friedrich von Württemberg (1608—1628) ergibt sich, dass die Metzgerposten unter der Leitung der Amtmänner standen, dass bei den Postritten der Metzger stationsweise gewechselt werden musste, dass von den Amtmännern oder Postmeistern auf den Stationen die Zeit des Abgangs und der Ankunft der Briefe auf einem besondern Zettel aufzuzeichnen und für Pferde und Postillone eine besondere Taxe vorgeschrieben war. — Diese Metzgerposten scheinen sich jedoch nur über einen kleinen Theil Deutschlands — Schwaben — erstreckt zu haben und auch da nur im beschränkten Umfange in Anwendung gekommen zu sein!

Vom Südwesten Deutschlands müssen wir jetzt den Blick nach dem Nordosten werfen, wo uns auch schon zu Ende des 14 Jahrhunderts eine eigenthümliche Posteinrichtung entgegentritt. Ihr Urheber ist der deutsche Orden, der Eroberer und Germanisator Ostpreussens; da er gegenüber seinen Feinden in und ausser seinem Gebiete immer auf dem qui-vive stehen musste, so bedurfte er einer Einrichtung um Nachrichten und Befehle so rasch als möglich von den Grenzen an den Sitz des Hochmeisters und von da an alle Ordenshäuser im Lande befördern zu können. Der Comthur leitete diese ganze Anstalt, während der oberste Pferdemarschall zu Marienburg als Oberpostmeister unmittelbar an der Spitze dieser Reitpost stand; seiner Aufsicht unterstand der Stall der Postpferde, unterstanden die Postillone, welche mit den Briefschaften von Ordenshaus zu Ordenshaus ritten; diese bildeten die Poststationen, hier wurden Postillone und Pferde gewechselt und Ankunft und Abgang eines jeden Briefes genau vermerkt. Endlich waren im Ordenslande auch die Withingen, dies sind die alten freien Grundbesitzer, welche dem Orden schnell sich unterwarfen, treue Dienste leisteten und dafür mit reichen Lehen ausgestattet wurden, verpflichtet, wenn nöthig als reitende Boten zu dienen und Briefe von besonderer Wichtigkeit von Ort zu Ort zu befördern. Da diese Anstalten nur für den Hof zu Marienburg und für die Ordensbeamten bestimmt und allen übrigen Classen der Bevölkerung, selbst dem Landadel und der Bürgerschaft der jungen Städte unzugänglich waren, also nur Regierungszwecken dienten, so tragen sie denselben Charakter wie die römische Post des Alterthums und das Postwesen in Frankreich unter Ludwig XI.

Soweit hatte sich in den verschiedenen Ländern Europas im Mittelalter das Postwesen entwickelt. Wir könnten nun in das 16. Jahrhundert, in die Neuzeit übergehen, wollen aber früher noch den Blick auf einige aussereuropäische, orientalische und transatlantische Gebiete lenken, wo uns verwandte Erscheinungen entgegentreten.

Die hohe Cultur, welche die Araber entwickelten, seitdem ihre Jugendkraft durch die Lehren des Islam zu grossen Thaten aufgerüttelt wurde, die machtvollen Staatswesen, die sie in Vorderasien gründeten, die grossartigen öffentlichen Institute, welche in denselben entstanden, lassen vermuthen, dass sie auch der Beförderung von Nachrichten und Personen ihre Aufmerksamkeit zuwendeten. Und so ist es auch. In allen mohamedanischen Ländern des Orients finden wir schon im Mittelalter Spuren und Anfänge von Posteinrichtungen.

Die ungeheuere Ausdehnung des Chalifenreiches, welches über Länder dreier Erdtheile vom Indus bis Spanien reichte, stellte es als eine unabweisliche Nothwendigkeit heraus, diese entfernten Gebiete mit dem Mittelpunkte und Herrschersitze Bagdad durch Verkehrsmittel zu verbinden, durch welche die Befehle der Chalifen an ihre Statthalter und Feldherren und von diesen wieder Berichte an jenen rasch gelangen konnten. In der That bestanden auch Strassenzüge *) von mehr als tausend Meilen Länge, welche in der Hauptstadt zusammenliefen; und entlang denjenigen Strassen welche von politischer und strategischer Bedeutung waren, befanden sich auch Poststationen, deren man um die Mitte des 10. Jahrhunderts 930 zählte. Von Bagdad ging nach Nordosten die Poststrasse über Holwan, Hamadan, Rey (unweit Teheran) nach Nischabur; hier schlossen sich ihr die riesigen Strassenzüge an, welche einerseits nördlich

---

*) Thieme, die Posten der Chalifen. Aus dem „Archiv für Post und Telegraphie", Beiheft zum Amtsblatte der deutschen Reichs-Post- und Telegraphenverwaltung, abgedruckt in der „Europa" 1879, Nr. 49, 50.

und östlich über Bokhara und Samarkand nach China, anderseits als Karawanenwege südlich durch Sedschistan und Kerman an den persischen Golf oder ostwärts die Pässe des Paropanisus überschreitend in das Thal des Kabul an den Indus führten. Bis Nischabur ritten die Postcouriere der Chalifen und trafen hier mit den Botenreitern der Herrscher Khorasans zusammen. Bei Hamadan zweigte die Seitenstrasse nach Isfahan, bei Holwan die grosse nördliche Heer- und Poststrasse ab, welche nach Tiflis, nach Armenien und nach Derbend am Kaspisee lief. Eine andere Strasse ging von Bagdad südlich nach Bassora am persischen Meerbusen, und östlich nach Istakhar (Persepolis) und Schiras in Persien und durch Kerman bis an den unteren Indus. Ebenso führte von Bagdad eine grosse guterhaltene Post- und Karawanenstrasse über Kula nach Mekka, längs welcher sich zahlreiche Poststationen und Karawanserai's (Herbergen) befanden. Die ersten Posteinrichtungen soll schon der Chalif Moawija (661—679) geschaffen haben und der Chalif Al-Mahdi (775—786) liess, wie Abulfeda, der berühmte mohamedanische Geschichtschreiber und Geograph (1273—1331) berichtet, dieser Strasse entlang „öffentliche Herbergen erbauen, Meilensäulen errichten, die Wasserteiche in Stand setzen und neue Brunnen graben". Von Mekka lief diese Strasse weiter durch Arabien über Sana bis nach Aden an der Südküste der Halbinsel. Auch nach Armenien und durch Kleinasien gegen Byzanz, sowie über Damaskus durch Syrien und Palästina nach Aegypten und über Haleb und Antakia nach Tarsus führten Strassen. So liefen von Bagdad sechs grosse Post- und Heerstrassen strahlenförmig aus, welche den Mittelpunkt des Reiches mit den äussersten Grenzen verbanden. Feste, ununterbrochene Ketten von Poststationen verknüpften die gefährdeten Grenzfestungen mit dem Machtcentrum des Reiches, hielten die Hauptstädte der Provinzen, in welchen die mächtigen Statthalter residirten, in stetem Verkehr mit dem Sitze der Staatsgewalt und sicherten die Verbindung der Hauptstadt mit den Seeplätzen und Flottenstationen. Als Beförderungsmittel wurden im Chalifenreiche im Dienste der Post Kameele, Pferde, Maulthiere und Fussboten verwendet. Die Poststationen, welche nur 2–4 Farasangen (1–2 Meilen) von einander entfernt lagen, waren aber nicht blos für das Postwesen, sondern auch für die Cultur überhaupt hochwichtig; denn sie lagen oft weit von andern Ansiedlungen entfernt, und mussten daher alles, was sie an Nahrung für Menschen und Thiere, zur Verpflegung und zum Nachtquartier für die Reisenden brauchten, selbst erzeugen, ringsum wurde daher der Boden bebaut, wurden Dattelpalmen gepflanzt, ein gegrabener Brunnen lieferte das unentbehrliche Wasser; so wurde das Stationsgebäude, wo der Postmeister wohnte, der Mittelpunkt eines bedeutenden Wirthschaftscomplexes — oft eine Oase inmitten der Wüste.

Die Post der Chalifen war anfänglich reine Staatspost, indem nur Depeschen der Regierung und solche Staatsbeamte befördert wurden, welche hiezu von dem Herrscher die Ermächtigung erhielten, und diesen musste von den Postmeistern auch alles zur Verpflegung und zum Nachtquartier Erforderliche geleistet werden. Die Couriere scheinen nicht regelmässig abgefertigt worden zu sein, sondern nur dann, wenn wirklich Depeschen zur Beförderung vorlagen; die Schnelligkeit ihres Rittes war mitunter eine sehr bedeutende, 40 geographische Meilen in 24 Stunden, in der Regel aber nur 10–20 Meilen täglich. — Erst später wurden von den Regierungscourieren gegen Bezahlung auch Privatbriefe mitgenommen.

An der Spitze der Verwaltung des Postdienstes stand der Centralpostmeister zu Bagdad, der einer der höchsten Würdenträger des Reiches war, ihm waren zwei Kategorien von Beamten untergeordnet, die Mowaqqiun (Postmeister) und die Farwaneqyyun (Oberpostmeister). Die Stellung der letztern war eine sehr einflussreiche und verantwortliche. In dem Anstellungsdecrete eines Farwaneqyy heisst es, dass der Chalife ihn beauftrage, „die zum Behufe der Beförderung der Felleisen aufgestellten Boten seines Districtes zu mustern, ihre Anzahl, Namen und den Betrag ihrer Gehalte aufzuschreiben, die Anzahl der Poststationen in seinem ganzen Districte, die Entfernung von einander und die Orte, durch welche die Poststrasse läuft, zu notiren, die genannten Boten anzuhalten, die ihnen anvertrauten Felleisen schnell zu befördern und darauf zu sehen, dass die Unterbeamten die Zeit genau eintheilen, die Einhaltung derselben genau zu überwachen, auf dass nicht einer der Boten später, als es die Vorschrift erfordert, in der nächsten Poststation ankomme." Aber ausserdem hatten die Oberpostmeister noch einen viel grösseren und schwierigeren Wirkungskreis als Berichterstatter über alle in ihrem Gebiete vorfallenden Angelegenheiten der Militär- und Civilverwaltung. Sie hatten Bericht zu erstatten über das Verhalten der Finanzbeamten und der Verwalter der Staatsgüter, über den Zustand der Bodencultur, über die Lage der Bauern, über das Benehmen der politischen Behörden, über die Münze, namentlich über die Menge des geprägten Edelmetalles und sie mussten bei der Soldzahlung der Truppen und bei den Musterungen derselben anwesend sein. So wichtig war ihr Amt, dass der Chalif Abu Djafar Mansur sagte: „Mein Thron ruht auf vier Pfeilern und meine Herrschaft auf vier Männern, und diese sind ein tadelloser Kadi (Richter), ein energischer Polizeiverwalter, ein rechtschaffener Finanzminister und ein treuer Postmeister, der mir über alles Auskunft gibt."

Als das Chalifenreich demselben Schicksal anheimfiel, von dem alle orientalischen Riesenreiche betroffen wurden, als es in seine Theile sich zerbröckelte, löste sich auch das Netz seines Postwesens. In einigen aus dem Chalifenreiche hervorgegangenen Staaten erhielten sich Reste der alten Post, in andern bildete sich dieses Verkehrsmittel neu, aber in beschränkter Weise, aus.

So finden wir wieder im 13. Jahrhunderte zwischen Syrien und Aegypten reitende Posten; die damaligen Herrscher dieser Länder stellten mit Aufwendung grosser Kosten an allen Wegen Postpferde auf, so dass jede Woche zweimal Nachrichten von Damaskus nach Kairo in vier Tagen und ebenso schnell zurück gebracht wurden; so entstanden Poststationen, wo sich die Pferde und ihre Treiber (Sawâkin) befanden; niemand durfte ein Postpferd reiten, ausser mit besonderer Bewilligung des Sultans. Die Strasse von Kairo nach Damaskus war bewohnt, so dass man bei jeder Poststation alles, was der Reisende an Proviant, Fütterung und dergleichen brauchte, vorfand; die Einrichtungen waren so vortrefflich, die Sicherheit eine so grosse, dass eine Frau allein von Kairo nach Damaskus, ohne Wasser und Proviant mitzunehmen, reisen konnte. So blieb es, bis Timur-Lenk Damaskus eroberte und verwüstete; da geriethen auch die Poststationen in Verfall und der Weg nach Damaskus ward sehr unsicher.*)

Auch Samarkand, das einst so glänzend war, und trotz seines gegenwärtigen Verfalles noch immer in hohem Ansehen steht, war zur Zeit als der castilianische Gesandte Gonzalez de Clavijo (1403) dahin reiste, durch regelmässige Poststationen mit je 50 bis 200 Pferden mit Täbris, der wichtigsten Handelsstadt Persiens, verbunden.**) Indien ***) hatte schon im Alterthum eine gut organisirte Briefpost. Den wohl erhaltenen Staatsstrassen entlang waren in kurzen Entfernungen von einander Hütten errichtet, in welchen Boten wohnten, die verpflichtet waren, die Schreiben des

---

*) Sprenger, über zwei arabische geographische Werke. In den Sitzungsberichten der phil.-hist. Classe der kais. Akademie der Wissenschaften in Wien; 1850, V. 78—79.
**) Petermann, geographische Mittheilungen, 1868. S. 225.
***) Stephan, a. a. O., S. 71 f.

Königs von Station zu Station zu befördern; jeder Bote trug eine Schelle, auf deren Laut alle Begegnenden ausweichen mussten und womit seine Ankunft auf der Station angekündigt wurde. „Bei wichtigen Depeschen oder gefährlichen Passagen gingen zwei Boten zur Erhöhung der Sicherheit. Zum Uebersetzen über Gewässer bedienten sie sich, wo keine Brücken oder Fähren vorhanden waren, einer Art Schwimmgürtel..... Alle 10 Stadien ($\frac{1}{4}$ geographische Meile) war eine Säule gesetzt, welche die etwaigen Nebenwege, sowie die Entfernungen anzeigte. Besondere Beamte standen dem Verkehrs- und Strassenwesen vor." Aus weit späterer Zeit wissen wir, dass Sultan Baber von Delhi in Indien (1526—1530), obwohl ein grosser Eroberer, doch für die Hebung der Wohlfahrt in den ihm unterworfenen Ländern sehr thätig war und unter den von ihm geförderten Anstalten ist insbesondere das Postwesen zu nennen; so liess er auf der Heerstrasse von Agra, seiner Residenz, bis nach Kabul Posthäuser errichten.

Noch tiefer im Osten Asiens stossen wir auf ähnliche Verhältnisse. So finden wir in China*) das Postwesen schon von Alters her vortrefflich geregelt und mit grosser Sorgfalt unterhalten. In dieser Beziehung, wie in so manchen andern, war Ostasien uns Europäern um viele Jahrhunderte voraus. Als bei uns an Kunstwege, Hoch- und Heerstrassen noch nicht gedacht wurde und das Beispiel, das die Römer im Alterthum gegeben hatten, in unserem Mittelalter ohne Nachahmung blieb, hatten die Chinesen längst Chausseen gebaut, Felsen gesprengt und Brücken über Flüsse und Abgründe geschlagen. An allen Strassen wurden Herbergen errichtet, die kaiserliche Regierung stellte auf verschiedenen Stationen Pferde ein und von Peking gingen Eilboten nach den Provinzialhauptstädten; in jeder derselben war ein Oberpostmeister angestellt, der für die weitere Beförderung

---

*) Andree, Geographie des Welthandels (Stuttgart 1867). I. 169.

der Briefe in seiner Provinz Sorge zu tragen hatte. Die Posten waren und sind zwar nur für die Regierung bestimmt, aber doch auch den Privaten nicht ganz unzugänglich; bevorzugte Reisende erhalten von der Regierung einen Pass, damit die Ortsbehörde ihnen überall förderlich an die Hand gehe. Wie alt in China diese Einrichtungen sind, beweisen die Berichte Marco Polo's.*) Dieser berühmte venetianische Reisende beschreibt in seinen Reisen die Posteinrichtungen von China Ende des 13. Jahrhunderts. Sie gingen durch das ganze chinesische Reich; überall gab es schöne Gasthäuser, an allen Strassen zahlreiche Stationen und eine grosse Zahl verfügbarer Pferde für die Postboten und für die Reisenden.

Auch in Japan ist schon seit Jahrhunderten ein geregeltes Postwesen eingeführt; treffliche Strassen durchziehen das Land, an denen in kleinen Entfernungen wohleingerichtete Herbergen stehen; die Strassen werden von Bäumen beschattet, jede Meile ist durch einen Hügel bezeichnet. Die kaiserlichen Couriere, deren immer zwei gemeinschaftlich reisen, führen Glöckchen mit sich, damit Jeder, auch der höchste Beamte, ihnen ausweiche; sie tragen die Briefe in kleinen Kästen aus schwarzem Holz. Als Europa noch keine Ahnung von Reisehandbüchern hatte, kannte Japan dergleichen längst und zwar in der Gestalt von Fächern, die den Japanesen wie den Chinesen unentbehrlich sind; solche Fächer sind mit allen Notizen bedruckt, welche der Reisende zu wissen braucht; er findet auf derselben die Entfernungen in Meilen, die Richtung, das Postgeld, den Preis der Speisen und dergleichen mehr angegeben.**)

Aber auch bei den alten Culturvölkern Amerika's riefen, lange bevor die neue Welt von Europäern betreten war, gleiche Verhältnisse und Bedürfnisse ähnliche Einrichtungen hervor.

---
*) Stephan, a. a. O., S. 78 f.
**) Andree, a. a. o., I. 169.

Peru hatte, bevor es von den Spaniern erobert wurde, geradezu bewunderungswürdige Strassen, welche von den Herrschern des Landes, den Inkas, gebaut wurden; Alexander von Humboldt vergleicht sie mit den Römerstrassen.[*] An diesen Strassen hatten die Inkas in Entfernungen von je einer halben Stunde Weges Häuser (Tambo's) erbauen lassen, in welchen Eilboten wohnten. Diese Chasquis, wohleingeübte Läufer, hatten allemal 14 Tage lang Dienst, dann wurden sie auf einige Tage abgelöst. Vermittelst derselben wurde ein Brief (denn wir können die Nachrichten vermittelst der Quippo's, Knotenschnüre, welche den Peruanern als Ersatz für unsere Schreibkunst dienten, als Briefe bezeichnen) in 24 Stunden 50 Leguas weit befördert und eine Botschaft von Cuzco nach Quito gelangte binnen sechs Tagen an ihr Ziel.

Wie in Peru, war es in Mexiko vor dessen Eroberung durch Cortez; als die weissen Männer dort landeten, meldeten Läufer von Station zu Station bis zur Hauptstadt ihre Ankunft.

---

[*] Andree, a. a. o., I. 75.

III.

Neuzeit.

Eine Reihe grosser gewaltiger Ereignisse bezeichnet den Uebergang vom Mittelalter in die Neuzeit: grosse oceanische Entdeckungen, die von Amerika und die Auffindung des Seeweges um das Vorgebirge der guten Hoffnung nach Ostindien, das durch die enormen Metallschätze Amerika's erfolgte Zuströmen grosser Mengen Silbers und Goldes nach Europa, wodurch ein neuer, auf dem Wirthschaftsgebiete bald massgebend auftretender Factor, das mobile Vermögen, sich bildete, der ausserordentliche Aufschwung von Handel und Verkehr durch die neu eröffneten Absatzwege und Bezugsquellen Amerikas und Ostindiens, die Bildung grosser Reiche und die Entstehung unumschränkter Monarchien in ihnen, der hohe geistige Aufschwung in Folge des Wiedererwachens der classischen Studien in Kunst und Wissenschaft und in Folge der Reformation, das Auftreten der Osmanen im südöstlichen Europa, wodurch ein neues, Gefahr drohendes, Staats- und Volks-Element in den Kreis der alten europäischen Mächte gelangte.

Dieser grossartige Umschwung auf allen Gebieten des geistigen und materiellen Lebens rief auch das drängende Verlangen nach verbesserten Posteinrichtungen hervor, insbesondere machte sich in allen grösseren Staaten das Bedürfniss geltend, dass das Postwesen einheitlich organisirt und fest geleitet werde, um eine Beschleunigung der öffentlichen Nachrichten zu erzielen, um die Grenzen schnell mit dem

Centrum des Landes und benachbarte Staaten miteinander zu verbinden. Die erste umfassende derartige Einrichtung wurde durch die Kaiser Maximilian I. und Karl V. begründet; die grossartigen Besitzungen, über welche das Haus Habsburg im 16. Jahrhundert gebot, die sich von Ungarn und Oesterreich durch Deutschland einerseits bis nach den Niederlanden, anderseits bis Spanien und Italien erstreckten, sowie die Kriege, in welche Maximilian und Karl bald am Rhein bald in Italien verwickelt waren, stellten es als dringende Nothwendigkeit heraus, alle diese Länder und die Hauptstädte derselben in stete sichere Verbindung untereinander zu setzen, um Botschaften und Befehle, sowie Berichte und Nachrichten rasch von der einen nach der andern gelangen zu lassen. Die vereinzelten Posteinrichtungen, welche hie und da von Stadt zu Stadt bestanden oder für einige Gebiete von den Landesfürsten errichtet waren, reichten für das grosse Bedürfniss der weithinherrschenden Habsburger nicht aus und das Streben derselben musste nach dem Besitze einer eigenen, nur von ihnen abhängenden Post gehen. Die Organisatoren einer solcher wurden die italienischen Edelleute de Tassis, genannt Torriani (daher später Thurn-Taxis), welche im 15. Jahrhundert aus dem Mailändischen nach Deutschland gewandert waren; schon unter Kaiser Friedrich III. (1451) soll Roger von Tassis, Oberjägermeister der Grafschaft Tirol, um bei Gelegenheit eines Feldzuges in Italien dem Kaiser schnell Nachrichten aus diesem Lande zuzuführen, eine Post durch Steiermark und Tirol gegründet und eigene uniformirte Reitboten aufgestellt haben; später bot sich Francesco de Tassis dem Kaiser Maximilian mit dem Antrage an, er wolle eine Einrichtung treffen, durch welche die kaiserlichen Briefe aus dem Hoflager nach den Niederlanden und überallhin kostenfrei gelangen sollten, wenn der Monarch ihm und seinen Nachkommen die Einkünfte der projectirten Anstalt bewilligen würde. Tassis erhielt 1516 die Bewilligung zur Errichtung einer so grossartigen Postanstalt und schritt sogleich mit kaiserlicher Autorität zur Herstellung derselben. Bald waren Postcurse mit reitenden Boten von Brüssel nach Frankreich, von Brüssel durch Flamisoul (Lüttich), Kreuznach, Speyer, bei Rheinhausen über den Rhein, durch Württemberg nach Augsburg und von da einerseits nach Wien, anderseits durch Tirol nach Mailand, Mantua, Venedig und Rom eingerichtet. Allenthalben wurden reitende Boten mit Pferden zum Wechsel bestellt und in den grösseren Städten sorgten Verwalter für den Empfang und richtigen Abgang der Briefe ; für jeden Ort waren die Ankunfts- und Abgangszeiten genau bestimmt. Die neue Post, deren Linien bald eine Länge von 300 Meilen erreicht hatten, ging also von den Niederlanden aus und schloss sich entsprechend der Lage dieses Landes und ihrer inneren Einrichtung nach an die von Ludwig XI. in's Leben gerufenen französischen Posten an. Franz von Taxis wurde von Kaiser Maximilian I. zum niederländischen Postmeister ernannt; noch höhere Würden erlangten dessen Nachkommen von Karl V. „Der Kaiser erwähnt in dem offenen Briefe (lettres patentes), den er zu Brüssel am 31. Christmond 1543 unterzeichnete, der grossen Dienste, welche zuerst Baptist von Taxis, und nach diesem dessen Sohn Franz sowohl seinem Grossvater und Vater, als ihm selber und der genannte Franz von Taxis, seit 1536 ihm insbesondere geleistet habe. Deshalb ernennt er den Leonhard von Taxis, Bruder des heimgegangenen Franz, zum obersten Leiter und Meister seiner Posten (chef et maître général de nos dictes postes). Er ermächtigt ihn insonderheit, die gesammte Leitung derselben zu übernehmen, dieselben nach Bedürfniss von einem Orte zum andern zu verlegen, pflichtvergessene Beamte abzusetzen, und andere an ihre Stelle zu ernennen. Zur Bestreitung dieser Dienste, sowie zur Verabreichung der Besoldungen erhält Leonhard von Taxis alle übliche Rechte, Ehren, Vorrechte, Freiheiten, Vortheile und Erträgnisse. Er leistet dafür den Eid der Treue in die Hände des Siegelbewahrers, Cardinals Granvella. Der Kaiser fordert ferner seine Gerichtsherren, Beamtete, Diener und Unterthanen auf, dem genannten Leonhard von Taxis allen nöthigen Vorschub und Beistand zu leisten, insbesondere aber die Postzüge bei Tag und bei Nacht durch die Städte, Festungen und alle ihnen anvertraute Orte frei und ungehindert gehen zu lassen und vorkommenden Falles die erforderliche Vorspann gegen Entschädigung zur Stelle zu schaffen. Der Schatzmeister mit seinen Untergeordneten und der Obereinnehmer sind angewiesen, die gewohnten Zahlungen nach den festgesetzten Zielen zu verabreichen." *) Kaiser Ferdinand I. bestätigte und erweiterte (21. August 1563) dem Leonhard von Taxis dieses Privilegium; Franz Leonhard von Taxis wurde 1595 von Kaiser Rudolf II. zum Freiherrn erhoben und mit der Würde eines Generalobristpostmeisters im Reiche bekleidet; sein Sohn Lamoral wurde von Kaiser Mathias 1615 zum Reichserbgeneralpostmeister im deutschen Reich und in den Niederlanden ernannt, 1621 wurde die Familie Taxis in den Grafen-, und 1695 von Kaiser Leopold I. in den deutschen Reichsfürstenstand mit Stimme im Reichsfürstenrathe erhoben und 1744 wurde das unter der besonderen Direction des Reichserzkanzlers stehende Generalpostamt als Reichsthronlehen erklärt.

    War diese neue Postanstalt ursprünglich auch nur für die Förderung der Interessen des Hauses Habsburg bestimmt, so besteht doch das Verdienst des Franz von Taxis darin, dass er der erste war, der unbekümmert um jedes Hinderniss einen ununterbrochenen Briefcurs errichtete, diesen unmittelbar der kaiserlichen Autorität unterstellte und dienstbar machte, so zugleich eine Einrichtung von allgemeinem Nutzen schuf und das, was bisher nur auf kleine Gebiete beschränkt war, auf weite Länderstrecken

---

*) Flegler, a. a O., S. 36.

hin ausdehnte. Anfänglich zweifelte man fast allgemein an der Möglichkeit längeren Bestandes und an dem Ertrage dieser Anstalt, deutsche Fürsten und Städte erhoben Einsprache gegen das Taxis'sche Privileg, das Collegium der Kurfürsten legte Verwahrungen gegen dasselbe ein, es begann ein heftiger Kampf, der durch eine Unzahl von Kreisschreiben und Gutachten, von Verordnungen und Verwahrungen, von Denkschriften, Flugblättern, Angriffen und Vertheidigungen geführt wurde, in welchen es sich vornehmlich darum handelte, was stärker sei, das kaiserliche Privilegium oder das landesherrliche Recht. Das Haus Thurn und Taxis führte diesen Kampf mit Ruhe und Besonnenheit und hielt an dem kaiserlichen Privilegium fest und was wahrscheinlich noch mehr zu seinen Gunsten wirkte, die Taxis'schen Posten waren gut eingerichtet und blühten rasch empor; bald bemerkte man, dass man durch die neue Post schnell, wohlfeil und sicher Briefe nach Brabant, Frankreich und Italien befördern könne und deshalb strömten ihr viele Briefe zu, was ihr ungemein grossen Gewinn und vielseitige Anerkennung brachte. Ueber einen grossen Theil des deutschen Reiches, namentlich über die südlichen und westlichen Reichskreise erstreckte sich bald das Thurn-Taxis'sche Postregal; Bayern, die Pfalz, die geistlichen Reichsfürsten, die Reichsgrafen, die Reichsritterschaft und die meisten Reichsstädte in jenen Kreisen liessen es in ihren Landen und Gebieten gerne zu und dort wurden durch dasselbe die Grundlagen des modernen Postwesens gelegt; Sachsen hingegen, Braunschweig-Lüneburg, Mecklenburg und selbst grössere Reichsstädte wie Köln, Nürnberg, Frankfurt lehnten es ab und gründeten und unterhielten eigene Postanstalten; in Brandenburg-Preussen wurde es niemals und in den österreichischen Ländern nur theilweise anerkannt und verwirklicht.

Die Einrichtung von Posten in Deutschland wäre eigentlich Sache des Reiches, des Reichstages gewesen, aber da im 16. Jahrhundert bereits das Streben, die Landeshoheit auf Kosten des Reiches immer mehr zu erweitern, in allen Angelegenheiten sich geltend machte, und da im Reichstage einerseits Zerfahrenheit, anderseits Schwerfälligkeit und Unfruchtbarkeit herrschten, so leistete dieser auch hierin nichts. Denn kleine Versuche, welche der deutsche Reichstag in der Gründung von Posten machte, hatten keine Folgen und verliefen bald im Sande. So ordnete der Abschied des deutschen Reichstages vom 8. Mai 1522 die Errichtung einer Feldpost von Nürnberg, wo damals der Sitz des Reichsregiments sich befand, nach Wien an, welches dem ungarisch-türkischen Kriegsschauplatze nahe lag, um durch eine solche Verbindung einen etwaigen Zug deutscher Reichstruppen nach Ungarn beschleunigen zu können; und als 1542 eine Abtheilung des Reichsheeres nach Ungarn gezogen war, wurde von dem Reichstage zu Speyer durch § 45 des Reichsabschiedes vom 11. April 1542 abermals eine Feldpost errichtet, welche nur den Zweck hatte, die abgesendeten Truppen in steter Verbindung mit den Behörden des Reiches zu erhalten.

Da sonach das Reich seinen Pflichten in diesem wichtigen Zweige des Verkehrswesens nicht nachkam, so mussten die Staaten, welche die Taxis'sche Post in ihrem Gebiete nicht zugelassen hatten, an die Gründung eigener solcher Anstalten schreiten. Dies geschah bald in Oesterreich und in Brandenburg-Preussen.

Die ersten Spuren eines geordneten regelmässigen Staatspostdienstes in Oesterreich finden wir im ersten Jahrzehnt des 16. Jahrhunderts unter Kaiser Maximilian. Die hohe Bedeutung der oberitalienischen Angelegenheiten in seiner Politik und insbesondere seine Kriege gegen die Republik Venedig veranlassten ihn, zuerst in Tirol Reitposten anzulegen;*) die erste derartige Linie wurde von

---

*) Krones, Geschichte Oesterreichs, II. 592.

Füssen über Innsbruck nach Trient errichtet und bis vor
Padua verlängert; von dieser bei Nassereit abzweigend
wurde durch das Oberinnthal aufwärts und über das
Reschen-Scheideck eine Reitpost bis St. Maria im Münsterthale eingerichtet, von wo über das Wormser Joch (nordwestlich vom Stilfser Joche, über welches jetzt eine berühmte Kunststrasse führt) der König von Frankreich die
Beförderung der Post bis Bormio und von da bis Mailand
der Papst übernahm. Auch das ganze Pusterthal entlang
wurden zur Verbindung mit Kärnten Poststationen gegründet. Die Felleisen mit den Briefschaften, „Postereibinkel" wurden sie damals amtlich genannt, machten von
Trient nach Innsbruck acht Stationen durch, welche mit
je zwei berittenen Postboten besetzt waren. Nicht minder
thätig war in der Förderung des Postwesens Ferdinand I.*)
Dieser erliess 1535 (Wien, 20. August) eine neue Postordnung, welche schnelle und sichere Beförderung der
Regierungserlässe und der Briefe bezweckte. Nach dieser
Ordnung unterstanden der Hofpostmeister und seine Verwalter dem obersten Kanzler, dem jede Post uneröffnet
eingehändigt werden musste und allein der Befehl über
die Beförderung der Briefe an die Parteien zukam. Ohne
Signatur des Obersten Kanzlers oder seines Secretärs
durfte keine Post abgeschickt werden. Jeder Eilbote hatte
zu Pferd eine deutsche Meile in einer Stunde, bei minder
wichtigen Angelegenheiten in $1\frac{1}{4}$ Stunde zurückzulegen.
Der Postbote musste stets in Bereitschaft sein, und seine
Ankunft auf dem Postzettel verzeichnet werden. Für die
Angelegenheiten des Hofes durften die Postmeister ausser
ihrem Ordinari-Pferd noch drei Pferde halten, doch waren
sie verpflichtet, gegen den Bezug eines jährlichen Pauschales
von 20 Gulden zur Verwahrung der Briefe in Wien, Prag,

---

*) Oberleitner, Oesterreichs Finanzen und Kriegswesen unter
Ferdinand I. von 1522—1564. Im Archiv für Kunde österr. Geschichts-Quellen; 22. Band, 1860, S. 60—64.

Trient, Innsbruck und Augsburg immer Pülgen (Säcke) und Wachstücher in Vorrath zu halten. Dem Anton de Taxis, der schon unter Kaiser Maximilian als Postmeister diente, wurde 1526 (24. October) bei der Vermehrung der Geschäfte die Aufnahme von zwei reitenden Postboten bewilligt; 1528 wurden auf Befehl Ferdinands die Posten von Wien bis Innsbruck doppelt gelegt, das heisst alle Stationen wurden mit zwei Pferden versehen; 1533 stellte der Hofpostmeister Anton de Taxis bei Ferdinand den Antrag auf Errichtung einer Post von Trient nach Venedig, zwischen welchen Städten drei Poststationen erforderlich seien; von Venedig nach Rom, so wichtig auch der Verkehr zwischen diesen Weltstädten war, bestand damals noch keine Ordinari-Post (regelmässige Post), es verkehrte nur ein Courier alle vier bis zehn Tage hin und her und die Beförderung eines Briefes kostete je nach der Grösse einen Gulden, eine Krone, einen Ducaten oder mehr. Im Jahre 1540 wurde durch Mathias de Taxis die Post von Wien nach Ungarn und zwar über Wiener-Neustadt, Bruck an der Leitha, Komorn nach Gran eingerichtet. — Sämmtliche Postauslagen betrugen von 1536 bis 1545 für die Hofkanzlei und den Hofkammerrath 20.500 Gulden; 1532 erscheint Ambros de Taxis als Postverwalter in Prag, 1554 Mathias de Taxis als Courier, 1559 Christoph und 1564 Martin de Taxis als Hofpostmeister. — Obwohl, wie aus dem gesagten zu entnehmen, die Mitglieder der Familie Taxis bedeutende und einflussreiche Stellen im österreichischen Postwesen innehatten, so erstreckte sich doch das Postregal dieser Familie nur über einige Provinzen Oesterreichs; in anderen hatten andere Personen und Familien dieses Recht an sich gebracht,[*] so in Nieder-Oesterreich Karl Mayer, in Steiermark die freiherrliche Familie von Paar, aus welcher Christoph von Paar 1624 bis 1630 durch Kaiser Ferdinand II. erblich

---

[*] Krones, a. a. O., IV. 452 f.

das Oberst-Hofpostmeisteramt für ganz Deutsch-Oesterreich, Böhmen und Ungarn erwarb, in Folge dessen die paar'schen Posten mit den Taxis'schen in harten Zusammenstoss kamen. — Derselbe Kaiser, Ferdinand II., erliess 1621 eine Postordnung, das „Postgenerale", welches späterhin (1624, 1662, 1672, 1695) mehrfach erneuert und „verschärft" wurde, und hauptsächlich den Zweck hatte, die Post gegen das Privatbotenwesen der Städte und Stände zu sichern und sie gegen den Widerstand der Grundherren und sonstige Gewaltthätigkeiten und Hindernisse zu schützen. Der namhafteste Fortschritt, welchen das Postwesen in Oesterreich im 18. Jahrhundert machte, erfolgte unter Karl VI.; dieser Regent, welcher überhaupt für die Förderung des Handels, des Verkehrs und Strassenwesens höchst thätig war, löste der Familie Paar das Postregale, welches sie durch Ferdinand II. erhalten hatte, für 66.000 Gulden Rente ab und nahm die Post in staatliche Regie; von 1722 bis 1743 entstanden zur Leitung des Postwesens das General-Ober-Hofpostamt in Wien und sechs Hauptpostämter mit den Sitzen in Ofen, Prag, Brünn, Graz, Linz und Innsbruck; der Leiter des letzteren hatte Amt und Titel eines Oberst-Hof- und General-Postmeisters für die vorderösterreichischen Lande.

Maria Theresia, unsere grosse Kaiserin, widmete wie allen Anstalten für das Volks- und Staatswohl, so auch dem Postwesen rege Sorgfalt. Die Postordnung von 1748 regelte das Stationswesen und den Beförderungsdienst, den Postmeistern wurden zahlreiche Privilegien ertheilt, die Beförderung der Reisenden zu Wagen mit Pferdewechsel auf Poststrassen für Rechnung der Postmeister (Extrapost) wurde eingeführt und die Aufnahme von Geld, Pretiosen und sonstigen Effecten und von Reisenden mittelst eigener Wagen in regelmässigen Coursen angeordnet; das Monopol wurde auch auf diese Fahrpost ausgedehnt und mit allem Nachdrucke gesichert; 1750 wurden zur Personenbeförderung die Diligencen eingeführt, und 1772 erhielten in Wien zwei Private das Privilegium zur Errichtung einer Stadtpost.

Auch die Kurfürsten von **Brandenburg-Preussen** liessen die Taxis'sche Post auf ihren Gebieten nicht zu, wahrten sich selbst stets strenge das Postregal und thaten viel für die Entwicklung dieses wichtigen Verkehrsmittels.*) Schon unter dem Kurfürsten Albrecht Achilles, welcher meist zu Kadolzburg und Anspach zu residiren pflegte, ging in den Jahren 1470—86 wöchentlich zwei bis dreimal eine landesherrliche Botenpost von Küstrin über Berlin, Torgau, Eilenburg, Leipzig, Weissenfels, Weimar, Saalfeld, Coburg nach Anspach. Unter den Kurfürsten Joachim I. (1499—1535) und Joachim II. (1535—1571) bestanden Botenposten von Küstrin und Köln an der Spree nach Wittenberg, von wo die Briefe in Folge Uebereinkommens zwischen Brandenburg und Sachsen durch kursächsische Briefboten nach Dresden, Wien, Nürnberg, Heidelberg versendet wurden; 1559 wurden Botencourse von Kulmbach über Halle nach Celle, von Küstrin nach Anspach (68 Meilen) und von da nach Wolfenbüttel (52 Meilen) eingerichtet; zur Zurücklegung dieser Entfernungen brauchten die Fussboten 24 und 15 Tage;**) wenn nöthig, erstreckten sich die Reisen dieser Boten bis Strassburg, Köln, Düsseldorf, Emmerich, München, Stuttgart, Wien, Speyer, Mainz. Diese Boten, welche allerdings nur Briefe und in erster Reihe nur in Regierungssachen beförderten, waren in der Regel Fussboten, nur hie und da waren auch Reitposten eingerichtet.

Kurfürst Johann Sigismund erliess (20. Juni 1614) eine Botenordnung, nach welcher unter einem kurfürstlichen Botenmeister 24 Boten bestellt waren, drei „silberne" Boten, welche die kurfürstlichen Briefe in silbernen Kapseln

---

*) Stefan, Geschichte der preussischen Post, von ihrem Ursprunge bis zur Gegenwart. Berlin 1859.
**) Vieban, a. a. O., S. 74 ff.

verwahrten, und 21 Kanzleiboten, welche die übrigen Staats- und Privatbriefe in zinnernen Büchsen trugen. Diese Boten, welche Dienstkleidung hatten, mussten, wenn sie in Berlin anwesend waren, täglich im Botenhause sich melden, wenn sie vom Botenmeister ihre Poststücke erhalten hatten, sogleich ihre Reise antreten und von dem Orte ihrer Bestimmung die schriftliche Bestätigung mitbringen, an welchem Tage sie die Briefe abgegeben hatten und von dort wieder abgefertigt worden waren; Briefe von Privatpersonen durften sie nur mit Bewilligung des Botenmeisters mitnehmen. 1630 bestand schon eine ordentliche Reitpost von Berlin nach Königsberg, 1646 eine solche von Berlin nach Osnabrück, Münster, Wesel und Cleve.

Friedrich Wilhelm, der grosse Kurfürst, welcher für die Hebung und Förderung des Handels und Verkehrs in seinen Ländern ausserordentlich thätig war, praktische Wege- und Bauordnungen erliess, Oder, Spree, Havel und Elbe durch Canäle verband, sorgte auch mit besonderer Vorliebe für das Postwesen.*) Es gelang ihm, gegen den Widerspruch des von dem Kaiser privilegirten Reichserbpostmeisters Grafen von Taxis, die Postverwaltung in seinen gesammten Landen als sein ausschliessliches Regal zu behaupten. Unter ihm wurden die Botenposten bedeutend erweitert und eine Ordinari-Post gegründet, welche mit Kutschen fuhr, Briefe und Personen beförderte und von Berlin an westwärts über den Rhein bis Utrecht und ostwärts bis Königsberg ging. So stellte er zwischen den entferntesten Landestheilen Postverbindungen her und gab dadurch der preussischen Post eine zusammenhängende, über die zwischenliegenden fremdherrlichen Gebiete sich erstreckende Organisation; von Memel bis Cleve, von Stettin und Hamburg bis Leipzig sorgten achtzig ständige Post- und Postwärterämter für den Postdienst. Das preussische

---

*) Erdmannsdörfer, der grosse Kurfürst. Im neuen Plutarch, herausgegeben von R. v. Gottschall, VI. 61. Leipzig 1879.

Postwesen war schon damals so musterhaft verwaltet, dass es 20.000 Thaler jährlicher Reineinnahme abwarf und als Vorbild für ganz Deutschland galt.

Auch der Nachfolger des grossen Kurfürsten, König Friedrich I., pflegte und förderte das Postwesen; er ernannte den Premierminister Graf Wartenberg zum Generalpostmeister, vermehrte vielfach die Postcourse, dehnte die Gerichtsbarkeit des Generalpostamtes und die Freiheiten der Postbeamten aus, bestimmte genau dem Postregal gegenüber die Erwerbgrenze der Fuhrleute und Schiffer, regulirte das Porto, verleibte die Extrapostanstalten dem allgemeinen Postwesen ein, beschleunigte die Reitposten durch bessere Verbindungen und sicherte die Ordinariposten durch mitreisende Schirrmeister.

Noch grösserer Förderung erfreute sich die preussische Staatspost durch König Friedrich Wilhelm I. Dieser Fürst betrachtete mit Recht die Postanstalten als ein Culturelement und liess das fiscalische Interesse hiebei zurücktreten; als das Generalfinanz-Directorium Bedenken trug, Geld zur Anlegung neuer Posten zu bewilligen, befahl er: „sollen die Posten anlegen in Preussen von Ort zu Ort, ich will haben ein Land, das cultivirt ist, höret Post dazu;" ein andermal sagte er von den Posten, dass sie „vor den florissanten Zustand der Commercien hochnothwendig und gleichsam das Oel vor die ganze Staatsmaschine wären." — Als er einst auf einer Reise im Cleve'schen über finanzielle Bedrückungen von Seite der Postverwaltung klagen hörte, zog er das Generalpostamt zur Verantwortung. Im Jahre 1722 erliess Friedrich Wilhelm eine Instruction für das General-Ober-Finanz-, Kriegs- und Domänen-Directorium, welche im 22. Artikel vortreffliche Bestimmungen über die Verwaltung des Postwesens enthält Unter seiner Regierung wurden in allen Landestheilen, besonders in der Provinz Preussen, die Postanlagen vermehrt; Ostpreussen bedurfte allerdings dieser Fürsorge von Seite der Regierung am meisten; dieses Land hatte 1709—10 durch eine verheerende Pest furchtbar gelitten und stand auch sonst in jeder Beziehung hinter den anderen Landestheilen weit zurück. Als der König (1723) anordnete, dass über diese ganze Provinz ein Postnetz gelegt werden sollte, stellte das General-Finanz-Directorium dagegen vor, „dass die Einrichtung der Posten in Ostpreussen mit sehr vielen Schwierigkeiten verbunden sei: in den öden, von Raubthieren durchstreiften Haiden sei oft auf 10 bis 12 Meilen Weges kein Haus anzutreffen, an ordentlichen Strassen, Brücken und Dämmen gebräche es fast gänzlich, Raubgesindel mache namentlich in der Nähe der polnischen Grenze die Gegenden unsicher, und die Posten in den pfadlosen Dickichten und Sümpfen bei Nacht gehen zu lassen, daran sei gar nicht zu denken, vollends da es in Littauen fast neun Monate Winter sei; geeignete cautionsfähige Postbeamte und Posthalter wären in jenen armseligen Gegenden kaum aufzutreiben und die Ausdehnung der Posten in dem grossen Umfange, wie es der König beabsichtigte, würde daher einen bedeutenden Zuschuss aus Staatsmitteln erfordern." — Der König bestand trotzdem auf seinem Befehle, die erforderlichen Mittel aus der Staatscassa wurden bewilligt und nach zwei Jahren war Ostpreussen in allen Richtungen von Postcoursen durchzogen. Was waren die Folgen dieser Massregel? Wo kein Ort war, baute man, um nicht Stationen von 10 bis 12 Meilen zu haben, mitten im Walde oder auf der Haide ein Posthaus; zu dem Posthause gesellte sich bald ein Wirthshaus, zu dem Wirthshause eine Schmiede; Postwärter und Postillons legten daneben Ackerwirthschaften an; hie und da reiste einmal ein Capitalist, Kaufmann oder Industrieller aus Königsberg oder einer andern Stadt vorüber, der ohne die Post nie hieher gekommen wäre, und fand den Platz zur Anlegung einer Mühle, einer Ziegelhütte oder einer andern Unternehmung günstig, und so entstanden, geweckt durch den Ruf des Posthornes, in diesen masurischen Einöden die ersten Ansiedlungen, die bald zu Dörfern und kleinen Städten heranwuchsen. Und in wenig Jahren wurden diese Posten so stark benützt, dass sie nicht nur keines Beitrages aus Staatsmitteln mehr bedurften, sondern sogar einen Ueberschuss abwarfen. — Diese ostpreussischen Posten traten auch bald in eine geregelte Verbindung mit den russischen Ostseeprovinzen und mit dem neugegründeten Petersburg.*)

So bestanden in Deutschland im 18. Jahrhundert im Wesentlichen drei grosse Postgebiete: das österreichische, das preussische und das Taxis'sche; das letztere erstreckte sich über den bayerischen, fränkischen, schwäbischen, burgundischen, Kur- und oberrheinischen Kreis, über Thüringen und über die vorderösterreichischen Lande. Ausserdem gab es aber noch viele kleinere Postgebiete, in welchen Landesposten bestanden, so in Sachsen, Hannover, Braunschweig, Mecklenburg, Oldenburg, Osnabrück, Münster, in den Hansestädten; in manchen Reichsstädten und Ländern wirkten verschiedene Postverwaltungen nebeneinander.

Der Gründer der sächsischen Staatspost*) war jener Kurfürst August (1553—1586), der in seinem Lande auch sonst musterhafte volkswirthschaftliche Grundsätze zur Durchführung brachte. Vor ihm bediente man sich in Sachsen, wie anderwärts, zur Beförderung der landesfürstlichen Befehle eines sehr unregelmässigen, gar nicht organisirten Botendienstes; er griff auch in dieser Beziehung energisch ein und durch, schuf einen geordneten Postbotenverkehr zu Fuss und zu Pferde und knüpfte Postverbindungen mit den benachbarten Staaten, mit Braunschweig, Bayern, Brandenburg und Oesterreich an. Da diese „Postreiter" wenigstens anfänglich nur für die „Hofpost" bestimmt waren, so blieben neben ihnen die Botenanstalten der

---

*) Neue preussische Provinzialblätter, 1858, II. Bd. S. 294—297.
**) Schäfer, Gesch. des sächsischen Postwesens. Dresden 1879.

einzelnen Städte zur Befriedigung der Bedürfnisse des
Publikums bestehen; unter diesen erlangte die städtische
Botenanstalt in Leipzig durch ihre zweckmässige Einrichtung
und Ausdehnung eine solche Bedeutung, dass der kur-
fürstliche Hof selbst sich der von Leipzig aus nach allen
Richtungen gehenden Boten zur Beförderung seiner Briefschaften bediente, und dass unter Kurfürst Johann Georg
(1613) dieses Leipziger Institut aus einem städtischen in
ein landesherrliches umgestaltet wurde. Hindernd trat der
Entwicklung des sächsischen Postwesens das furchtbare
Nationalunglück, der 30jährige Krieg, mit seinen grauen-
haften Folgen entgegen, so dass die sächsische Staatspost
erst in der ersten Hälfte des 18. Jahrhunderts eine grössere
Ausbreitung gewann, und fahrende Posten entstanden, welche
sich bald über einen grossen Theil des Landes erstreckten
und den Verkehr auf den Hauptcoursen vermittelten. Obwohl
die Bauart dieser nur in Ketten oder Riemen hängenden
Postwägen so plump war, dass die Mitfahrenden nicht nur
fortwährend gerüttelt, sondern oft auch so starken Stössen
ausgesetzt wurden, dass sie Gefahr litten, herausgeschlendert
zu werden, obwohl von gepolsterten Sitzen und Lehnen
keine Spur war und die Passagiere oft auf Kisten und
anderen Gepäckstücken sich niederlassen mussten, häufig
jede schützende Bedachung fehlte oder im besten Falle
bei Regenwetter nur eine Leinendecke oder ein einfaches
Wachstuch über den Wagen gespannt wurde, die gegen
das eindringende Wasser nur dürftigen Schutz gewährten,
so wurden diese fahrenden Posten doch als ein grosser
Fortschritt begrüsst und es erregte Aufsehen, dass man
nun „zu gewissen Stunden für billiges Geld" von einem
Orte zum andern und auf manchen Routen sogar zur
Nachtzeit fahren konnte. Und für den geringen Verkehr
jener Zeit reichten diese Mittel auch aus; die Post zwischen
Leipzig und Breslau beförderte beispielsweise im Jahre
1702 selten mehr als 2 bis 3 Packete, von Dresden nach

Berlin ging noch 1750 nur einmal alle 14 Tage, in die kleineren sächsischen Städte alle acht Tage ein Postwagen. So primitiv solche Verhältnisse im Vergleich mit der Gegenwart erscheinen, so hatte sich das sächsische Postwesen doch seit Ende des 16 Jahrhunderts ansehnlich entwickelt; damals bestanden nur höchst mangelhafte Fussbotenposten, Anfangs des 18. Jahrhunderts hatte sich das sächsische Postwesen zu einem stattlichen Verkehrsinstitute herausgebildet, welches in allen grösseren Orten des Landes Postanstalten besass, die untereinander durch zahlreiche Posten theils zu Fuss, theils reitend oder fahrend, verbunden waren, ja auch bereits einen Verkehr mit den bedeutenderen Plätzen der Nachbarstaaten angeknüpft hatten. — Bis 1712 war das sächsische Postwesen an einzelne Unternehmer verpachtet; in diesem Jahre ging es in die unmittelbare Staatsverwaltung über, und damit beginnt eine neue Aera für die Entwicklung desselben.

Kürzer als über die Posten Deutschlands wollen wir uns über die der andern Staaten Europas fassen.

In der **Schweiz***) wurden zuerst die Amtsdiener als beeidete, fest besoldete obrigkeitliche Briefboten verwendet; diese durften mit amtlicher Bewilligung auch die Zustellung von Privatbriefen besorgen. Als im 15. Jahrhundert der Handel mit Deutschland regeren Aufschwung nahm, gründeten Kaufleute in St. Gallen einen Dienst reitender Boten zur Verbindung mit Süddeutschland, der sich bald bis Nürnberg erstreckte; 1685 jedoch fiel dieses „Nürnberger Ordinari" dem Thurn-Taxis'schen Postregal zum Opfer. Aehnliche Botenritte wurden von St. Gallen aus über Zürich, Aarberg, Murten, Genf nach Lyon, von Schaffhausen (1585) nach Frankreich, von Zürich (1630) nach Genf und von Basel über Schaffhausen nach St. Gallen organisirt. Mitte des 17. Jahrhunderts bestand in der Schweiz

---

*) Bavier, die Strassen der Schweiz. Mit einem Anhang über das schweizerische Postwesen. Zürich 1878.

schon eine Fahrpost, welche wöchentlich zweimal Briefe und Personen von Genf über Bern durch den Aargau nach Schaffhausen beförderte, wo der Anschluss an die deutsche Thurn-Taxis'sche Post erfolgte. 1693 kam die Post über den Gotthard nach Mailand zu Stande. In den kleineren, besonders in den hochgebirgigen Cantonen wurden noch Ende des 17. Jahrhunderts fast ausschliesslich Fussboten, welche von dem Hauptorte ein oder mehrere Male wöchentlich abgingen, zur Bestellung der Briefe verwendet. Hundert Jahre später, Ende des 18. Jahrhunderts, gab es nicht viel mehr Verbindungen, aber die Poststücke und Reisenden wurden doch meistens in, wenn auch höchst ungefügen, schweren Kutschen transportirt.

In Frankreich war schon im Mittelalter durch die Pariser Universitäts- und durch Ludwigs XI. Staatspost für dieses Verkehrsmittel guter Grund gelegt worden, auf welchem die späteren Herrscher nur fortzubauen hatten. Heinrich III. bestellte 1576 in jeder Stadt zwei Boten, welche den Transport der königlichen Acten zu besorgen hatten, nebenbei aber auch Privatsendungen beförderten Heinrich IV. rief 1597 einen eigenen Personenbeförderungsdienst in's Leben, welchen Ludwig XIII. wesentlich verbesserte, indem er regelmässige Ankunfts- und Abgangszeiten der Postwägen festsetzte, eigene Briefpostämter in den grösseren Städten errichtete und die Portosätze fixirte. 1634 wurde das Institut der königlichen Messagerien (die Fahrpost) geschaffen, welches den Personentransport im ganzen Reiche besorgte. In Frankreich wurde zuerst die Markenfrancatur der Briefe angewendet, und zwar bei der von Mr. Velayer, maitre des requêtes (1653), mit königlichem Privilegium in's Leben gerufenen ersten Pariser Stadtpost; für diese wurden in den verschiedenen Stadttheilen von Paris Briefkästen aufgestellt und zugleich wurde ein Bureau errichtet, in dem man für einen Sou Stempelmarken kaufen konnte; diese wurden den Briefen aufgeheftet die man so markirt in die Briefkästen Velayers hineinwerfen konnte, von wo die Stadtpost sie täglich dreimal abholte, um sie in der Stadt zu bestellen. — In der zweiten Hälfte des 17. und im 18. Jahrhundert nahm das Postwesen in Frankreich guten Aufschwung und warf reichen Ertrag ab; es wurde zum Monopol erhoben, doch nicht vom Staate selbst verwaltet, sondern blieb bis 1792 verpachtet. *)

In England errichtete schon König Eduard IV. (1481), als er im Kriege mit Schottland das Bedürfniss eines geregelten Verkehrs mit London fühlte, ein System von Relais- und Couriercoursen; diese Einrichtung verfiel zwar nach ihm; aber Heinrich VIII. griff sie wieder auf und gestaltete sie neu, indem er einen Master of the postes einsetzte, welcher die Organisation des Postdienstes zu besorgen und die Posthalter und Boten zu überwachen hatte. Unter Elisabeth wurden die Hauptrouten der englischen Postcourse festgesetzt, welche bis in's 19. Jahrhundert beibehalten wurden. Doch diente das englische Postwesen bis 1635 nur dem Staate; erst unter Karl I. wurde es, doch als Staatsmonopol, allen Staatsangehörigen zugänglich gemacht; 1650 wurde es gegen eine Pachtsumme von 5000 Pf. St. verpachtet, welche sich 1654 bereits auf 10.000, 1660 auf 21.500 und 1685 auf 43.000 Pf. St. erhöhte. — Im Jahre 1683 errichtete ein Tapezierer, Namens Murray, die erste Brief- und Packetpost im Stadtbereiche Londons, welche so gute Geschäfte machte, dass sie nach wenigen Jahren vom Staate gegen Ernennung ihres Gründers zum Leiter dieser Stadtpost übernommen wurde. „Ueberhaupt waren unter den Stuarts die Posteinrichtungen erheblich vervollkommt, Postwagen eingeführt, neue Postcourse auf Seitenrouten in Schottland und Irland errichtet worden, so dass mit Rücksicht auf die gesammten

---

*) Sax, a. a. O., I. 231 ff.

wirthschaftlichen Zustände des Landes, die schlechten Strassen etc. die damaligen Leistungen der Anstalt als höchst beachtenswerth erscheinen. Entlegenere Landestheile hatten allerdings eine wöchentlich nur einmalige Postverbindung, aber in grösseren Städten gab es wöchentlich 2—3 und in frequenten Plätzen tägliche Expedition. Zwei Postboote gingen zwischen England und Frankreich, drei nach Holland, ebensoviele nach Irland, und alle Inlandplätze standen mit London in wenigstens wöchentlicher Communication. In Folge dieser Verkehrserleichterung und des relativ billigen Porto gewann das Briefschreiben auch unter den niederen Volksclassen erhebliche Verbreitung, und begann die politische Presse ihren Lauf." *) Unter Königin Anna wurde (1709 — 10) in allen Gebieten der britischen Krone eine Neuregulirung des Postwesens vorgenommen, welche in ihren wesentlichen Grundzügen bis 1840 bestehen blieb.

In Spanien zeigt sich die erste Einrichtung der Staatsposten unter König Philipp dem Schönen (1504 bis 1506), welcher für jede einzelne Postroute einen Couriermajor ernannte, in dessen Regie die ihm zugewiesene Post stand und dem auch aller Nutzen vom Ertrage derselben zufloss, eine Einrichtung, welche dort bis unter König Philipp V. (1714—1746) fortdauerte.

Nach Italien griffen die Posten der Nachbarstaaten über, die österreichischen und französischen standen in unmittelbarer Verbindung mit Venedig, Mailand, Florenz und Rom, und Neapel, das vom 16. bis zum 18. Jahrhundert unter Spaniens Herrschaft stand, gehörte dem Postgebiete dieses Staates an.

Dies ist in kurzen Zügen die Darstellung der Verhältnisse des Postwesens vom Ausgang des Mittelalters bis zum Ende des 18. Jahrhunderts innerhalb der einzelnen

---

*) Sax, a. a. O., I. 330.

Staaten; in diese Zeit fallen aber auch schon die ersten ersten internationalen Postverträge. Im 16. Jahrhunderte war man nur bemüht, den Verkehr zwischen den einzelnen Theilen eines und desselben Staates zu vermitteln; erst im 17. Jahrhundert treten Verbindungen der einzelnen Länder zu Postzwecken auf, und zwar ging dieser wichtige Fortschritt von Frankreich aus. Ein Edict Ludwigs XIII. vom Mai 1630 ordnet die Errichtung von drei Offices de maîtres des couriers für auswärtige Depeschen an und bevollmächtigt diese Couriermeister die mit den spanischen, flandrischen und englischen Postbehörden abgeschlossenen Verträge zu erneuern. Im Jahre 1663 wurde Louvois Generalaufseher der französischen Posten und schloss in dieser Eigenschaft sehr wichtige Verträge mit den Posten der Nachbarstaaten Frankreichs ab. So unterzeichnete er 1670 mit dem Bevollmächtigten des Lieutenant der Courier-Majore Spaniens in Italien, Flandern und andern Ländern und mit dem General der Staatsposten von Mailand einen Vertrag zur Regelung der Postbeziehungen zwischen Frankreich und Spanien, dessen Bedingungen fortwährend bis 1696 erneuert wurden. Im 17. Jahrhundert wurde die Verbindung zwischen Paris und Madrid durch Couriere bewerkstelligt, welche alle 14 Tage die Depeschen Spaniens durch Frankreich nach den spanischen Niederlanden und umgekehrt brachten. Zur Herstellung eines kräftigeren Verkehrs zwischen Frankreich und Spanien wurde am 24. September 1701 ein neuer Vertrag aufgesetzt; nach demselben sollte neben dem Courier, der alle 14 Tage von Spanien nach Flandern reiste, ein zweiter aufgestellt werden, der den directen Verkehr von Frankreich nach Spanien und umgekehrt zu vermitteln hätte, und zwar sollten die französischen Couriere mit den spanischen die Depeschen in Oyarsun bei Irun austauschen; für diese Strecke von Madrid bis Oyarsun brauchte der Courier damals 96 Stunden (jetzt mittelst Eisenbahn 17 Stunden).

Aber durch den spanischen Erbfolgekrieg wurde die Durchführung dieses Vertrages vereitelt. Auch mit den andern Staaten Europas waren die Postverbindungen Frankreichs im 17. und 18 Jahrhundert sehr spärliche; lange ging nur alle Wochen einmal der Courier nach London, erst von 1692 an zweimal, alle Mittwoche und Samstage. Der Courier nach Rom ging alle Freitag ab und besorgte auch den Verkehr mit Savoyen, Oberitalien, Neapel, Malta und Constantinopel. Alle Dienstag ging der Courier nach der Schweiz und nach Venedig. Diese Couriere dienten hauptsächlich zur Beförderung der Reisenden und die Conducteure besorgten nur nebenbei und ohne Garantie die Uebermittlung der Correspondenzen.

So hatte sich das Postwesen in den wichtigsten Staaten Europas bis Ende des 18. Jahrhunderts entwickelt, zwar langsam, ohne grosse Fortschritte, doch allmählich sich erweiternd und verbessernd, aber stetig in denselben Geleisen sich bewegend. Erst dem 19. Jahrhundert war es vorbehalten, auch darin, wie fast auf allen Gebieten der geistigen und materiellen Cultur, die grossartigsten Reformen zu ersinnen und durchzuführen. Und auch da sind es erst die letzten vierzig Jahre, welche das Postwesen zu dem machten, was es heute ist, zu einem die entferntesten Länder und Völker in kürzester Zeit und mit den geringsten Kosten verbindenden Brief-, Packeten- und Geldtransport. Wie weit unsere Väter in dieser Beziehung hinter der Gegenwart zurückstanden, mag dadurch bewiesen werden, dass die Nachricht von dem Einzuge der verbündeten Monarchen in Paris am 31. März 1814 erst nach Verlauf von dreizehn Tagen, am 12. April, nach Berlin gelangte, dass vor beiläufig 40 Jahren die französische Postverwaltung auf Grund diplomatischer Verträge nur mit acht fremden Posten, der englischen, österreichischen, badischen, bayerischen, niederländischen, preussischen, sardinischen und Thurn-Taxis'schen unmittelbare Verbindungen hatte und dass Frankreich im Jahre 1830 weder mit Griechenland, Schweden, den Vereinigten Staaten von Amerika noch selbst mit Spanien und der Schweiz unmittelbaren Postverkehr unterhielt.

Fünf Ereignisse sind es, welche den gewaltigen Aufschwung bedingen, den der Nachrichtentransport im Laufe der jüngst verflossenen 40—50 Jahre nahm: die allgemeine Einführung der Eisenbahnen, die Erfindung und Anwendung des electromagnetischen Telegraphen, die britische Postreform Rowland Hill's, der Abschluss des österreichischdeutschen Postvereins (1850) und die Gründung des Weltpostvereins (1876).

Gehören die Eisenbahnen und Telegraphen dem Gesammtgebiete des Waren-, Personen- und Nachrichtentransportes an, so betreffen die drei letzteren speciell die Entwicklung des Postwesens, und mögen daher hier auch kurz besprochen werden.

Wir, die der Wohlthaten eines vortrefflich ausgebildeten Postwesens, eines niedrigen einheitlichen Briefportos schon seit Jahrzehnten theilhaftig sind, können uns kaum einen Begriff machen von den Schwierigkeiten, mit welchen noch Ende der Dreissiger Jahre unseres Säculums der Briefverkehr entfernt wohnender Menschen zu kämpfen hatte. Das Porto für einen einfachen Brief von einem Ende Deutschlands nach dem andern betrug damals einen Gulden und darüber; am meisten litt man in England unter dem hohen Porto; als einfacher Brief galt nur jener, der weniger als eine Unze wog und aus einem einzigen Blatte bestand; ein Brief von über eine Unze bis $^3/_4$ Unzen wurde mit vierfachem Porto belegt und für jede weitere Viertel-Unze wurde ein Porto mehr berechnet; jeder aus zwei Blättern bestehende Brief wurde doppelt, jeder drei Blätter enthaltende musste dreifaches Porto zahlen; für den kleinsten Papierstreifen in einem Briefe galt doppeltes Porto, so viele Wechsel oder Rechnungen einem Briefe beigelegt waren sovielmal musste der Portosatz entrichtet werden; jeder Brief unter Couvert zahlte doppeltes Porto. Dazu kam noch, dass das Porto ausserordentlich hoch war, nach den Entfernungen höchst ungleichmässig und unbillig abgestuft wurde und dass, um die oben erwähnten Unterschiede in den Portosätzen zu ermitteln, von Seite der Postbeamten in äusserst lästiger, ja chicanöser Weise vorgegangen werden musste. Diese Uebelstände hatten zur Folge, dass ärmere Leute gar nicht miteinander correspondiren, und dass Familien von ihren ausgewanderten Kindern oder Geschwistern nur höchst selten oder gar nicht Nachrichten erhalten konnten, oder die Entrichtung des hohen Postportos zu umgehen suchten. Der englische Dichter und Schriftsteller Coleridge erzählt, dass er einst auf einer Reise in Schottland ein armes Landmädchen getroffen habe, welches einen unfrankirten Brief anzunehmen sich weigerte, obwohl er für denselben das Porto habe zahlen wollen. Als er das Mädchen um den Grund der Weigerung fragte, habe es gestanden, dass es durch kurze verabredete Schriftzeichen in der Adresse von dem Wohlbefinden des Absenders, ihres in London weilenden Bräutigams, hinreichend unterrichtet worden sei, und auf diese Weise mit ihrem Liebsten eine regelmässige kostenlose Correspondenz unterhalte. — Aber noch viel lähmender als auf das Familienleben waren die Wirkungen des hohen Portos auf die Geschäfte. Daher zahlreiche Versuche zu Unterschleifen. In den Umgebungen der grossen Städte waren förmliche geheime Briefbeförderungsanstalten mittelst Weiber und kleiner Kinder eingerichtet. Die grösste Ausdehnung hatte der Briefschmuggel in Irland, wo Reisende Kutscher, Conducteurs sich nach einem billigen Tarife mit dem Brieftransporte förmlich beschäftigten. Die Zeitungen, welche unentgeldlich befördert wurden, waren zugleich eine geheime Correspondenz, indem aus der Art ihrer Adressirung ein Kaufmann dem andern den Empfang oder die Sendung von Waren anzeigte und dergleichen mehr. — Um das mehrfache Porto zu ersparen, welches bei Versendung mehrerer Wechsel entrichtet werden musste, liessen Bankiers Platten gravieren, auf denen zwölf Stück Wechsel auf einem Blatte Platz hatten und noch Raum für einen Brief übrig blieb; dafür zahlten sie nur einfaches Porto, der Empfänger zerschnitt das Blatt, um die einzelnen Theile denjenigen, welchen sie bestimmt waren, zu übergeben. Oder es traten mehrere zusammen, um auf einem Blatte mehrere Briefe an verschiedene Adressaten desselben Ortes zu schreiben. So wurde grossartiger Unterschleif getrieben, der der Post enormen Nachtheil brachte, dem man nicht begegnen konnte. obwohl nachgewiesen wurde, dass die Zahl der geschmuggelten Briefe eben so gross war, wie die der durch die Post beförderten.*) Allgemein wurde der Druck dieser veralteten Posteinrichtungen gefühlt, ohne dass man auf die Mittel zur Abhilfe kam. Da war es Rowland Hill, der auf Grund von eingehenden Studien der Parlamentsberichte und der Statistik des Postverkehrs mit seinen grossartigen, das Briefpostwesen geradezu umwälzenden Vorschlägen der Reformator zunächst des britischen und bald auch des Welt-Briefverkehres wurde. Aus seinen Studien hatte es sich ihm ergeben, dass die Selbstkosten der Beförderung eines Briefes von London nach Edinburgh nur den dreissigsten Theil des damals vorgeschriebenen Portos ausmachten, dass die Kosten zum grössten Theile aus der Manipulation mit dem Briefe an dem Aufgabs- und Abgabsorte erwachsen und dass daher die Entfernungen, welche ein Brief zurückzulegen hat, auf die Höhe seines Portos nur einen ganz geringen, kaum merkbaren Einfluss üben sollen. Von dieser Thatsache weiter schliessend, kam er zu dem Resultate, dass die Postverwaltung bei einem bedeutend niedrigern, ja auch bei einem gleichförmigen Briefporto — einen

---

*) Sax, a. a. O., I. 347.

Penny für jeden einfachen Brief im gesammten Gebiete der Länder der britischen Krone — bei gleichzeitiger Einführung des Briefmarkensystems nicht blos bestehen, sondern auch gute Einnahmen erzielen könne. Diese Vorschläge, welche Hill in einer Flugschrift „Post office Reform, its' importance and practicability, London 1837" veröffentlichte, wurden zwar von den betreffenden Behörden mit Entrüstung abgelehnt, aber bald waren sie der Gegenstand einer grossartigen agitatorischen Thätigkeit. Versammlungen fanden statt, Vereine bildeten sich, zahlreiche Petitionen gingen an das Parlament, die öffentliche Presse wirkte unablässig, um Hills Entwürfe zur Durchführung zu bringen. So sah sich schon im Frühling 1838 das Haus der Gemeinen veranlasst, ein Comité zur Prüfung derselben einzusetzen, und im Mai 1839 erschien vor dem Premier-Minister Lord Melbourne eine Deputation, an deren Spitze O'Connel stand und in welcher sich nicht weniger als 150 Parlamentsmitglieder befanden. Das gab den Ausschlag, auch die Regierung entschied sich für Hills Plan und mit dem 10. Januar 1840 trat das einheitliche Penny-Porto für alle Gebiete der britischen Krone in's Leben. Und was waren die Folgen von Rowland Hills Postreform? Während vor derselben im Jahre 1839 die Zahl aller im Bereiche Grossbritanniens und seiner Colonien der Post übergebenen Briefe 75 Millionen betrug, stieg sie schon im Jahre 1840 auf 170, 1843 auf 300 Millionen und hat 1878 nahe an 1200 Millionen erreicht; 1839 kamen auf den Kopf der Bevölkerung Grossbritanniens drei, 1878 zweiunddreissig Briefe. — Dem Vorgange Englands mussten, wenn auch erst nach Jahren, die übrigen Staaten nachfolgen und so erfreut sich jetzt die briefschreibende Bevölkerung aller civilisirten Länder der Erde eines einheitlichen billigen Portos.

In Deutschland und Oesterreich währte, abgesehen von einigen kleineren Territorialpostgebieten, bis zum Beginn des 19. Jahrhunderts die Dreitheilung in die Thurn-Taxis'sche, in die österreichische und in die preussische Staatspost fort; als 1806 das alte deutsche Reich in Trümmer ging, wurde durch die Rheinbundsacte das Taxis'sche Postregal aufgehoben und ging an die 39 Einzelstaaten des Rheinbundes über, was eine derartige Zersplitterung zur Folge hatte, dass 1810 in Deutschland nicht weniger als 31 Postverwaltungen nebeneinander bestanden. Die deutsche Bundesacte restituirte (Art. 17) das Taxis'sche Postregal, fügte jedoch die Erlaubniss hinzu, es durch freie Uebereinkunft gegen Entschädigung abzulösen, was auch in mehreren deutschen Staaten geschah. — Ueberhaupt machte die Entwicklung des Postwesens in den ersten vier Jahrzehnten unseres Jahrhunderts keine bedeutenden Fortschritte; nur weniges ist in dieser Beziehung erwähnenswerth; in Preussen wurden durch den Generaloberpostmeister von Nagler (1821) nach englischem Muster die Schnellwägen eingeführt, und in Oesterreich traten 1823 an die Stelle der schwerfälligen Diligencen Eilwägen für Personeneilfahrten, denen sich zehn Jahre später Briefeilposten anschlossen.

Bis 1850 zählte Deutschland, ausser Oesterreich und Preussen noch 15 selbständige Postgebiete.

Allmälich und immer dringender machte sich in Folge dessen das Bedürfniss nach Concentrirung und einheitlicher Verwaltung des Postwesens im ganzen deutschen Bunde geltend. Da war es Oesterreich, welches den ersten Schritt zu einer nachhaltigeren Einigung auf diesem Gebiete that. „Oesterreich hat das grosse Verdienst, zu einer Zeit, wo Preussen seine hohen Portotaxen festhielt, durch eine durchgreifende Vereinfachung und Ermässigung des Tarifes, sowie durch eine Reihe von Verträgen mit deutschen Postverwaltungen im Anfange der Vierziger Jahre vorbereitend gewirkt zu haben, während bei den Verhandlungen über den Abschluss eines neuen Postvertrages zwischen Oesterreich und Preussen im Jahre 1842 Preussen zuerst die

Nothwendigkeit der Erzielung eines einzigen Postgebietes über ganz Deutschland aussprach."*)

Oesterreich und Preussen luden die übrigen deutschen Staaten und die Taxis'sche Postverwaltung zu dem ersten deutschen Postcongresse zu Dresden (October 1847) ein, dessen Verhandlungen zum Abschlusse des Deutsch-Oesterreichischen Postvereins (6. April 1850) führten, dem sämmtliche Congresstheilnehmer beitraten. Diesem Vertrage gemäss bildeten Oesterreich, Preussen und die übrigen deutschen Staaten Ein Postgebiet, innerhalb dessen die Einheit des Entfernungsmasses, des Gewichtes und der Währung bei der Portoberechnung und des Tarifes, sowie die Transitfreiheit eingeführt wurden. Damit war innerhalb des Rahmens der Bundesverfassung eine einheitliche Reichspost verwirklicht.

Dieses Vertragsverhältniss bestand, bis die politischen Ereignisse des Jahres 1866 die Post des Norddeutschen Bundes und die des Jahres 1870/71 die Post des deutschen Reiches in's Leben riefen.

Die zahlreichen Postverträge, welche 1867 bis 1873 fast alle Staaten Europas untereinander abschlossen, hatten durchgehends den Grundsätzen billiger und gleichmässiger Gebühren, sowie der unentgeltlichen Gewährung des Transits durch die vertragschliessenden Staaten Geltung verschafft.**) Es handelte sich jetzt nur noch, den grossen Gedanken, nicht blos einzelne Staaten untereinander, sondern die Gesammtheit der Culturvölker zu einer vertragsmässigen Regelung des Postverkehrs zu einigen, zur Verwirklichung zu bringen. Die Regierung des deutschen Reiches war es, welche die Initiative zur Durchführung dieser schönen, aber schwierigen Aufgabe ergriff, indem sie alle Staaten Europas und die Union einlud, Abgeordnete zu einem in Bern

---

*) Sax, a. a. O., I. 337.
**) P. D. Fischer, Post und Telegraphie im Weltverkehr. Berlin 1879. S. 94--113.

zusammentretenden Postcongresse zu senden. Am 15. September 1874 wurde dieser Congress eröffnet. Zweiundzwanzig Staaten waren bei demselben vertreten: Deutschland, Oesterreich-Ungarn, Belgien, Dänemark, Aegypten, Spanien, die Vereinigten Staaten von Amerika, Frankreich, Grossbritannien, Griechenland, Italien, Luxemburg, Norwegen, Niederlande, Portugal, Rumänien, Russland, Serbien, Schweden, die Schweiz und die Türkei. Er ging ungesäumt an sein Werk, an die Berathung des von Deutschland vorgelegten Entwurfes zu einem allgemeinen Postvertrage. Allerdings stellten sich anfangs dem Zustandekommen desselben beträchtliche Hindernisse, namentlich von Seiten Frankreichs entgegen; dennoch gelang das grosse Werk; am 9. October 1874 wurde von allen auf dem Congresse anwesenden Delegirten für ihre Staaten, Frankreich allein ausgenommen, der allgemeine Postvereins-Vertrag unterzeichnet, welcher am 1. Juli 1875 in Geltung trat; auch Frankreich schloss sich ihm am 1. Januar 1876 an.

Durch diesen Vertrag ist für das Gebiet des Postwesens eine völkerrechtliche Einigung geschaffen worden, wie sie bisher in keinem Zweige des internationalen Völkerlebens besteht. Der Weltpostvertrag behandelt das gesammte Gebiet der ihm zugehörigen Staaten in Betreff des Correspondenz-Austausches als ein einziges Postgebiet, innerhalb dessen sowohl die vollste Freiheit des internationalen Verkehrs gewährleistet, als auch die gleichmässige Behandlung aller Sendungen sicher gestellt ist. Er umfasst ganz Europa, in Asien die Besitzungen Russlands und der Türkei, in Afrika Aegypten, Nubien, Sudan, Algerien, Marokko, die spanischen Besitzungen in Nordafrika, die Azoren, Madeira, die Canarischen Inseln und die Vereinigten Staaten von Nordamerika: zweiundzwanzig Staaten mit einer Bevölkerung von mehr als 350 Millionen Menschen und einem Umfange von etwa 716.000 Quadrat-Meilen oder 37 Millionen Quadrat-Kilometer. Innerhalb dieses grossartig ausgedehnten Gebietes wurde durch den Weltpostvertrag für die Behandlung der Briefpost, der Briefe, Postkarten, Drucksachen und Warenproben, sowie der recommandirten Sendungen eine zuvor niemals für ausführbar gehaltene Gleichmässigkeit und Wohlfeilheit der Gebühren festgestellt. In Betreff der Theilung des Portos unter den vertragschliessenden Staaten gelangte der Grundsatz der Compensation schrankenlos zur Anerkennung: jeder Staat behält die von ihm erhobenen Gebühren, eine Abrechnung zwischen den bei der Beförderung betheiligten Staaten findet nicht statt; die Frankirung geschieht ausschliesslich durch die im Ursprungslande geltenden Postwerthzeichen.

Welch fruchtbringender Gedanke in dem Weltpostvereine zur That wurde, beweist am besten der Umstand, dass ihm bald nach seinem Abschluss zahlreiche Gebiete, welche ihm noch nicht angehörten, beitraten. So 1876 Britisch-Indien, mit einer Bevölkerung von mehr als 200 Millionen, die französischen Colonien in Afrika, Asien, Amerika und Australien, 1877 die britischen Colonialverwaltungen von Ceylon, den Straits Setlements, Mauritius und Hongkong in Asien, Trinidad, Britisch-Guyana, den Bermudas-Inseln und Jamaika in Amerika, die Niederlande und Spanien mit ihrem ganzen Colonialbesitz, Japan, Brasilien, die portugiesischen Colonien, Grönland und Persien, im Jahre 1878 Argentina, Mexiko, Canada, Peru und Salvador. Dadurch hatte sich das Gebiet des Weltpostvereins bis zum Zusammentritte des zweiten Congresses, welcher am 1. Juni 1878 zu Paris eröffnet wurde, auf 1,316.763 Quadrat-Meilen mit 750 Millionen Bewohnern vergrössert. Aber nicht nur diese räumliche Erweiterung, auch innere Erstarkung und Befestigung und Vermehrung der Vereinsziele erfuhr das Unionswerk durch den zweiten zu Paris am 1. Juni 1878 abgeschlossenen Vertrag des Weltpostvereins. „Von den eisumpanzerten Küsten Grönlands und vom sibirischen Nordmeer reicht seine Herrschaft bis zu den weiten Steppen im Süden des La Platastromes; sie umspannt, mit Ausnahme des jüngsten Welttheils Australien, nahezu die alte und die neue Welt."

Und welche Mengen von Sendungen werden durch diese im Entwurf und Ausführung gleich grossartige Institution bewältigt! Für das Jahr 1873 wurde der Briefverkehr auf dem ganzen Erdball auf 3300 Millionen Sendungen berechnet; im Jahre 1877 wurden in Europa allein 5693 Millionen Briefpostsendungen durch die Posten befördert; darnach bewegten sich täglich schon 1877 nicht weniger als 15,300.000 Briefpostsendungen, nämlich über 9 Millionen Briefe, 1 ½ Millionen Drucksachen und Warenproben und 4 ½ Millionen Zeitungen im europäischen Postverkehr.

In so gewaltiger Weise hat sich das Postwesen von seinen ersten Anfängen im persischen und römischen Reiche, während der früheren Zeiten des Mittelalters unterbrochen, wieder vom 13. und 14. Jahrhunderte an erst in langsamer Entwicklung bis zum Beginne der Neuzeit, dann rascher und weiter greifend, endlich in den letzten 40—50 Jahren riesige Fortschritte machend zu der grossartigen Institution ausgebildet, in welcher es in der Gegenwart dasteht.

Inhalt.

I. Einleitung 3
   Das Postwesen im Alterthum 5
      Im persischen Reiche 6
      In Griechenland 7
      Im römischen Reiche 8
II. Das Postwesen im Mittelalter 20
III. Neuzeit 41